AF099754

Secrets et douceur botanique pour les cheveux

Tout ce qu'il faut savoir pour avoir une chevelure de rêve !

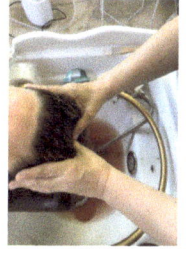

Shampoings, après-shampoings aux naturels, outils de massages manuels ou électriques, massages crâniens et Head spa.

The « best » livre à avoir impérativement chez vous et à consulter régulièrement !

Alexia Di Lorenzo

Secrets et douceur botanique pour les cheveux

Mentions légales

En application de l'art. L.137-2.-I. du code de la propriété intellectuelle, toute reproduction et/ou divulgation de parties de l'oeuvre dépassant le volume prévu par la loi est expressément interdite.

© Alexia Di Lorenzo, 2025

Relecture : Alexia Di Lorenzo
Correction : Alexia Di Lorenzo
Autres contributeurs : Alexia Di Lorenzo

Édition : BoD · Books on Demand, 31 avenue Saint-Rémy, 57600 Forbach, bod@bod.fr
Impression : Libri Plureos GmbH, Friedensallee 273, 22763 Hamburg (Allemagne)

ISBN : 978-2-3225-7770-5
Dépôt légal : Juin 2025

A mes fils, Léo et Enzo.
« Les cheveux sont le reflet de l'âme. »

Secrets et douceur botanique pour les cheveux

Sommaire

Introduction *13*

Chapitre A : Secrets Botaniques..................................*15*

Chapitre 1 : Les plantes essentielles pour vos cheveux............17

Chapitre 2 : Les fleurs, trésors de beauté capillaire..................23

Chapitre 3 : Recettes de Shampoings Naturels........................27

Chapitre 4 : Conseils et astuces..39

Chapitre 5 : Attention !..49

Chapitre 7 : Les eaux florales...67

Chapitre 8 : Les Huiles végétales..75

Chapitre 9 : Les Huiles Essentielles..79

Chapitre 10 : Les thés et les infusions......................................83

Chapitre 11 : Fruits et légumes 87

Chapitre 12 : Les feuilles..107

Extra :..123

Chapitre B : Douceur botanique...**139**

   Chapitre 1 : Les plantes et fleurs hydratantes et démêlantes. 139

   Chapitre 2 : Les Huiles Végétales et Beurres Végétaux : Nourrir en Profondeur..**143**

   Chapitre 3 : Recettes d'après-shampoings naturels................**147**

   Chapitre 4 : Conseils et astuces pour une application optimale **159**

Chapitre C : Les Instruments de Massage Crânien : Bien-être et Stimulation Naturelle du Cuir Chevelu..**167**

   Chapitre 1 : Les différents types d'instruments de massage crânien adaptés à vos besoins..**167**

   Chapitre 2 : Les bienfaits du massage crânien pour la santé des cheveux et le bien-être..**171**

   Chapitre 3 : Comment utiliser efficacement les instruments de massage crânien...**175**

   Chapitre 4 : Guide d'auto-évaluation pour choisir votre massage crânien et instrument idéal..**177**

   Chapitre 5 : Le luxe d'un massage personnalisé, choisissez une variété de massages crâniens à travers le monde :.................**183**

   Chapitre 6 : le luxe d'un Head Spa personnalisé, choisissez une variété à travers le monde..**187**

Conclusion...**193**

Ma biographie :...**197**

Introduction

Dans un monde où nos cheveux sont constamment sollicités par les agressions extérieures, les produits chimiques et le stress quotidien, il est plus que jamais fondamental de revenir à l'essentiel : la nature.

Avez-vous déjà songé à la richesse des plantes, des fleurs et des huiles que la terre nous offre pour prendre soin de notre chevelure ?

Prendre soin de ses cheveux ne devrait pas être un compromis entre efficacité et santé.

Ce livre est une invitation à explorer cet univers fascinant, à comprendre comment créer des shampoings et après-shampoings naturels adaptés à vos besoins spécifiques.

Mais au-delà des produits, nous explorerons les secrets ancestraux pour des cheveux éclatants : le massage crânien, le Head spa. Pour optimiser leurs bienfaits et offrir à notre cuir chevelu toute l'attention qu'il mérite, nous plongerons également dans l'univers fascinant des instruments de massage crânien. De l'ancestral "araignée" aux brosses en silicone innovantes, découvrez comment ces outils simples peuvent transformer votre routine capillaire en un véritable rituel de bien-être, stimulant la croissance, apaisant les tensions et révélant la beauté naturelle de vos cheveux.

Préparez-vous à révolutionner votre routine capillaire et à révéler la beauté naturelle de votre chevelure.

Chapitre A : Secrets Botaniques

Recettes de shampoings naturels pour des cheveux éclatants

La première partie du livre porte sur les recettes naturelles de shampoings à base de plantes, de fleurs et d'autres produits avec des informations détaillées et des conseils pratiques.

Chapitre 1 : Les plantes essentielles pour vos cheveux

Les plantes sont des alliées précieuses pour la santé et la beauté de nos cheveux. Riches en vitamines, minéraux, antioxydants et autres composés bénéfiques, elles offrent une alternative naturelle et efficace aux produits industriels. Ce chapitre explore les propriétés de quelques plantes essentielles pour les cheveux, en mettant en lumière leurs bienfaits spécifiques et leurs utilisations.

1- Ortie : Fortifiante, anti-chute, régulatrice de sébum
2- Romarin : Stimulant, tonifiant, favorise la pousse
3- Camomille : Apaisante, éclaircissante, adoucit les cheveux
4- Lavande : Apaisante, purifiante, équilibre le cuir chevelu
5- Prêle : Fortifiante, apporte de la brillance, stimule la pousse

1. Ortie (urtica dioica) : La fortifiante anti-chute

Description :

L'ortie est une plante herbacée commune, riche en silice, en fer, en vitamines A, B et C, et en minéraux.

Bienfaits :

Fortifie les cheveux : la silice renforce la fibre capillaire, réduisant la casse et la chute des cheveux.

Régule le sébum : l'ortie aide à équilibrer la production de sébum, ce qui est particulièrement bénéfique pour les cheveux gras.
Stimule la pousse en améliorant la circulation sanguine du cuir chevelu, l'ortie favorise la croissance des cheveux.
Lutte contre les pellicules : ses propriétés antifongiques et antibactériennes aident à éliminer les pellicules.

Utilisation : infusion, décoction, poudre d'ortie.

2. Romarin (rosmarinus officinalis) : le stimulant tonifiant

Description :

Le romarin est un arbuste aromatique méditerranéen, riche en antioxydants, en huiles essentielles et en composés stimulants.

Bienfaits :

Stimule la circulation sanguine : le romarin améliore l'apport de nutriments aux follicules pileux, favorisant la pousse des cheveux.
Tonifie le cuir chevelu : il renforce les racines et prévient la chute des cheveux.
Apporte de la brillance : le romarin rend les cheveux plus éclatants et plus sains.

Combat les pellicules : ses propriétés antifongiques aident à éliminer les pellicules.

Utilisation : infusion, huile essentielle, eau de rinçage.

3. Camomille (matricaria chamomilla) : l'apaisante éclaircissante

Description :

La camomille est une plante herbacée aux fleurs blanches et jaunes, connue pour ses propriétés apaisantes et anti-inflammatoires.

Bienfaits :

Apaise le cuir chevelu : la camomille calme les irritations et les démangeaisons.
Éclaircit les cheveux blonds : elle apporte des reflets dorés naturels.
Adoucit les cheveux : la camomille rend les cheveux plus souples et plus doux.
Apporte de la brillance : Elle illumine les cheveux et leur donne un aspect sain.

Utilisation : infusion, eau de rinçage, huile essentielle.

4. Lavande (lavandula angustifolia) : l'apaisante purifiante

Description :

La lavande est un arbuste aromatique aux fleurs violettes, réputée pour son parfum relaxant et ses propriétés antiseptiques.

Bienfaits :

Apaise le cuir chevelu : la lavande calme les irritations et les démangeaisons.
Purifie le cuir chevelu : elle élimine les impuretés et l'excès de sébum.
Équilibre le cuir chevelu : la lavande régule la production de sébum et prévient les pellicules.
Favorise la détente : son parfum relaxant aide à réduire le stress, qui peut être un facteur de chute de cheveux.

Utilisation : infusion, huile essentielle, eau de rinçage.

5. Prêle (équisetum arvense) : la fortifiante brillante

Description :

La prêle est une plante herbacée riche en silice, en minéraux et en antioxydants.

<u>Bienfaits :</u>

Fortifie les cheveux : la silice renforce la fibre capillaire et prévient la casse.
Apporte de la brillance : la prêle rend les cheveux plus éclatants et plus sains.
Stimule la pousse : elle favorise la croissance des cheveux en améliorant la circulation sanguine du cuir chevelu.
Renforce les ongles : la prêle est également bénéfique pour la santé des ongles.

<u>Utilisation :</u> Infusion, décoction, poudre de prêle.

Chapitre 2 : Les fleurs, trésors de beauté capillaire

Les fleurs, au-delà de leur beauté et de leur parfum, regorgent de propriétés bénéfiques pour nos cheveux. Riches en vitamines, en antioxydants et en composés actifs, elles offrent une approche douce et naturelle pour prendre soin de notre chevelure.
Ce chapitre explore les bienfaits de quelques fleurs emblématiques pour la beauté capillaire.

1- Hibiscus : fortifiant, apporte de la brillance, ravive la couleur.
2- Calendula : apaisant, hydratant, idéal pour les cuirs chevelus sensibles.
3- Rose : hydratante, parfum délicat, apporte de la brillance.
4- Fleur de sureau : adoucissante, nettoyante, apporte de la brillance.
5- Ylang-ylang : fortifiante, parfum exotique, stimule la pousse.

1. Hibiscus (hibiscus rosa-sinensis) : le fortifiant éclatant

Description :

L'hibiscus est une fleur tropicale aux couleurs vives, riche en antioxydants, en vitamines et en acides aminés.

<u>Bienfaits :</u>

Fortifie les cheveux : l'hibiscus renforce la fibre capillaire, réduit la casse et favorise la pousse.
Apporte de la brillance : il redonne de l'éclat aux cheveux ternes et fatigués.
Ravive la couleur : l'hibiscus intensifie les reflets rouges et bruns, et préserve la couleur des cheveux colorés.
Apaise le cuir chevelu : il calme les irritations et les démangeaisons.

<u>Utilisation :</u> Infusion, poudre, huile.

2. Calendula (calendula officinalis) : l'apaisant hydratant

<u>Description :</u>

Le calendula est une fleur jaune orangé, connue pour ses propriétés anti-inflammatoires, cicatrisantes et hydratantes.

<u>Bienfaits :</u>

Apaise le cuir chevelu : le calendula calme les irritations, les rougeurs et les démangeaisons.
Hydrate les cheveux : il apporte de l'hydratation aux cheveux secs et abîmés.
Favorise la cicatrisation : il aide à réparer les petites lésions du cuir chevelu.
Protège les cheveux : le calendula protège les cheveux des agressions extérieures.

<u>Utilisation :</u> Infusion, huile, macérât huileux.

3. Rose (Rosa) : l'hydratant parfumé

Description :

La rose est une fleur emblématique, réputée pour son parfum délicat et ses propriétés hydratantes et régénérantes.

Bienfaits :

Hydrate les cheveux : l'eau de rose et l'huile de rose apportent de l'hydratation aux cheveux secs et cassants.
Apporte de la brillance : la rose rend les cheveux plus éclatants et plus sains.
Parfume délicatement : elle laisse un parfum subtil et agréable sur les cheveux.
Apaise le cuir chevelu : la rose calme les irritations et les rougeurs.

Utilisation : Eau de rose, huile essentielle, infusion.

4. Fleur de sureau (sambucus nigra) : l'adoucissant éclatant

Description :

La fleur de sureau est une petite fleur blanche, connue pour ses propriétés adoucissantes, purifiantes et éclaircissantes.

Bienfaits :

Adoucit les cheveux : la fleur de sureau rend les cheveux plus souples et plus doux.
Nettoie en douceur : elle élimine les impuretés et l'excès de sébum.

Apporte de la brillance : elle illumine les cheveux et leur donne un aspect sain.
Éclaircit légèrement : elle peut apporter des reflets dorés aux cheveux clairs.

Utilisation : Infusion, eau de rinçage.

5. Ylang-ylang (cananga odorata) : Le fortifiant exotique

Description :

L'ylang-ylang est une fleur tropicale au parfum envoûtant, réputée pour ses propriétés fortifiantes, stimulantes et relaxantes.

Bienfaits :

Fortifie les cheveux : l'huile essentielle d'ylang-ylang renforce la fibre capillaire et prévient la casse.
Stimule la pousse : elle favorise la croissance des cheveux en améliorant la circulation sanguine du cuir chevelu.
Apporte de la brillance : elle rend les cheveux plus éclatants et plus sains.
Parfume intensément : elle laisse un parfum exotique et sensuel sur les cheveux.

Utilisation : Huile essentielle, infusion.

Chapitre 3 : Recettes de Shampoings Naturels

Ce chapitre vous présente une sélection de recettes de shampoings naturels, conçues pour répondre à différents besoins capillaires. Chaque recette est détaillée étape par étape, avec des conseils pour adapter les ingrédients et les quantités à vos préférences.

1. Shampoing doux pour tous types de cheveux (camomille, lavande)

2. Shampoing fortifiant pour cheveux gras (ortie, romarin)

3. Shampoing nourrissant pour cheveux secs (guimauve, calendula)

4. Shampoing antipelliculaire (ortie, thym)

5. Shampoing pour cheveux colorés (camomille, sauge, hibiscus)

6. Shampoing stimulant la pousse (romarin, prêle, menthe poivrée)

7. Shampoing à l'hibiscus pour cheveux colorés ou ternes

8. Shampoing pour cheveux blonds (camomille, citron)

9. Shampoing pour cheveux bruns (sauge, romarin)

10. Shampoing pour cheveux bouclés (aloe vera, hibiscus)

1. Shampoing doux pour tous types de cheveux (camomille et lavande)

Ingrédients :

- 500 ml d'eau de source
- 3 cuillères à soupe de fleurs de camomille séchées
- 2 cuillères à soupe de fleurs de lavande séchées
- 1 cuillère à soupe de jus de citron frais (facultatif, pour la brillance)

Préparation :

- Faites bouillir l'eau dans une casserole.
- Ajoutez les fleurs de camomille et de lavande, puis réduisez le feu et laissez infuser pendant 20 minutes.
- Filtrez l'infusion à l'aide d'une passoire fine ou d'un linge propre.
- Laissez refroidir, puis ajoutez le jus de citron (si désiré).
- Versez le shampoing dans un flacon propre.

Utilisation :

Appliquez sur cheveux mouillés, massez doucement le cuir chevelu, puis rincez abondamment.

Variantes :

Pour un parfum plus intense, ajoutez quelques gouttes d'huile essentielle de lavande ou de camomille.
Pour plus d'hydratation, ajoutez 1 cuillère à soupe de gel d'aloe vera.

2. Shampoing fortifiant pour cheveux gras (ortie et romarin)

Ingrédients :

- 500 ml d'eau de source
- 3 cuillères à soupe de feuilles d'ortie séchées
- 2 cuillères à soupe de feuilles de romarin séchées
- 1 cuillère à soupe de vinaigre de cidre (facultatif, pour l'équilibre du pH)

Préparation :
- Faites bouillir l'eau dans une casserole.
- Ajoutez l'ortie et le romarin, puis laissez infuser pendant 20 minutes.
- Filtrez l'infusion et laissez refroidir.
- Ajoutez le vinaigre de cidre (si désiré).
- Versez dans un flacon.

Utilisation :

Appliquez sur cheveux mouillés, massez le cuir chevelu, puis rincez.

Variantes :
Ajoutez 10 gouttes d'huile essentielle d'arbre à thé pour renforcer l'action purifiante.
Utilisez une décoction concentrée d'ortie comme dernière eau de rinçage.

3. Shampoing nourrissant pour cheveux secs (guimauve et calendula)

Ingrédients :

- 500 ml d'eau de source
- 3 cuillères à soupe de racines de guimauve séchées
- 2 cuillères à soupe de fleurs de calendula séchées
- 1 cuillère à soupe d'huile de coco fondue

Préparation :

- Faites bouillir l'eau.
- Ajoutez la guimauve et le calendula, puis laissez infuser 20 minutes.
- Filtrez et laissez refroidir.
- Ajoutez l'huile de coco fondue et mélangez bien.
- Versez dans un flacon.

Utilisation :

Appliquez sur cheveux mouillés, massez, puis rincez.

Variantes :

Remplacez l'huile de coco par de l'huile d'argan ou d'avocat.
Ajoutez 1 cuillère à soupe de miel pour plus d'hydratation.

4. Shampoing antipelliculaire (ortie, thym)

Ingrédients :

- 500 ml d'eau de source
- 3 cuillères à soupe d'ortie séchée
- 2 cuillères à soupe de thym séché

- 1 cuillère à soupe de jus de citron

Préparation :

- Faites bouillir l'eau.
- Ajoutez l'ortie et le thym, puis laissez infuser 20 minutes.
- Filtrez, laissez refroidir et ajouter le jus de citron.
- Versez dans un flacon.

Utilisation :

Appliquez sur cheveux mouillés, massez, puis rincez.

Variantes :

Ajouter 5 gouttes d'huile essentielle d'arbre à thé.

5. Shampoing pour cheveux colorés (camomille, sauge, hibiscus)

Ingrédients :

- 500 ml d'eau de source
- 2 cuillères à soupe de camomille séchée
- 2 cuillères à soupe de sauge séchée
- 1 cuillère à soupe d'hibiscus séché
- 1 cuillère à soupe de vinaigre de cidre (facultatif)

Préparation :

- Faites bouillir l'eau.
- Ajoutez les plantes, puis laissez infuser 20 minutes.
- Filtrez, laissez refroidir et ajouter le vinaigre de cidre.
- Versez dans un flacon.

Utilisation :

Appliquez sur cheveux mouillés, massez, puis rincez.

Variantes :

Pour les cheveux blonds, augmenter la quantité de camomille. Pour les cheveux bruns, augmenter la quantité de sauge.

6. Shampoing stimulant la pousse (romarin, prêle, menthe poivrée)

Ingrédients :

- 500 ml d'eau de source
- 3 cuillères à soupe de romarin séché
- 2 cuillères à soupe de prêle séchée
- 10 gouttes d'huile essentielle de menthe poivrée

Préparation :
- Faites bouillir l'eau.
- Ajoutez les plantes, puis laissez infuser 20 minutes.
- Filtrez, laissez refroidir et ajouter l'huile essentielle.
- Versez dans un flacon.

Utilisation :

Appliquez sur cheveux mouillés, massez, puis rincez.

Variantes : Ajouter 1 cuillère à soupe d'huile de ricin.

7. Shampoing à l'hibiscus pour cheveux colorés ou ternes

Ingrédients :

- 500 ml d'eau de source
- 3 cuillères à soupe de fleurs d'hibiscus séchées
- 1 cuillère à soupe de vinaigre de cidre (facultatif, pour la brillance)

Préparation :

- Faites bouillir l'eau dans une casserole.
- Ajoutez les fleurs d'hibiscus et laissez infuser pendant 20 minutes.
- Filtrez l'infusion et laissez refroidir.
- Ajoutez le vinaigre de cidre (si désiré).
- Versez dans un flacon propre.

Utilisation :

Appliquez sur cheveux mouillés, massez doucement le cuir chevelu, puis rincez abondamment.
Bienfaits : Ravive la couleur, apporte de la brillance, fortifie les cheveux.

8. Shampoing pour cheveux blonds (camomille et citron)

Ingrédients :

- 500 ml d'eau de source
- 4 cuillères à soupe de fleurs de camomille séchées
- 2 cuillères à soupe de jus de citron frais

Préparation :

- Faites bouillir l'eau dans une casserole.
- Ajoutez les fleurs de camomille et laissez infuser pendant 20 minutes.
- Filtrez l'infusion et laissez refroidir.
- Ajoutez le jus de citron frais.
- Versez dans un flacon propre.

Utilisation :

Appliquez sur cheveux mouillés, massez doucement le cuir chevelu, puis rincez abondamment.

Bienfaits :

Éclaircit les cheveux blonds, apporte de la brillance, adoucit les cheveux.

9. Shampoing pour cheveux bruns (sauge et romarin)

Ingrédients :

- 500 ml d'eau de source
- 3 cuillères à soupe de feuilles de sauge séchées
- 2 cuillères à soupe de feuilles de romarin séchées
- 1 cuillère à soupe de vinaigre de cidre.

Préparation :

- Faites bouillir l'eau dans une casserole.
- Ajoutez les feuilles de sauge et de romarin, et laissez infuser pendant 20 minutes.
- Filtrez l'infusion et laissez refroidir.
- Ajoutez le vinaigre de cidre.
- Versez dans un flacon propre.

Utilisation :

Appliquez sur cheveux mouillés, massez doucement le cuir chevelu, puis rincez abondamment.

Bienfaits :

Intensifie la couleur brune, apporte de la brillance, stimule la pousse des cheveux.

10. Shampoing pour cheveux bouclés (guimauve et aloe vera)

Ingrédients :

- 500 ml d'eau de source
- 3 cuillères à soupe de racines de guimauve séchées
- 3 cuillères à soupe de gel d'aloe vera .

Préparation :
- Faites bouillir l'eau dans une casserole.
- Ajoutez les racines de guimauve et laissez infuser pendant 20 minutes.
- Filtrez l'infusion et laissez refroidir.
- Ajoutez le gel d'aloe vera et mélangez bien.
- Versez dans un flacon propre.

Utilisation :

Appliquez sur cheveux mouillés, massez doucement le cuir chevelu, puis rincez abondamment.

Bienfaits :

Hydrate les boucles, définit les boucles, adoucit les cheveux.

Conseils supplémentaires :

Pour une conservation optimale, gardez vos shampoings naturels au réfrigérateur et utilisez-les dans les quelques jours.
N'hésitez pas à ajuster les quantités d'herbes en fonction de la longueur et de l'épaisseur de vos cheveux. Pour les personnes ayant des cheveux colorés, il faut faire attention aux plantes qui peuvent modifier la couleur.

Chapitre 4 : Conseils et astuces

Ce chapitre vous offre des conseils et des astuces pour optimiser les bienfaits des shampoings naturels et adopter une routine capillaire saine et respectueuse de l'environnement.

1. Conseils pour adapter les recettes à votre type de cheveux.
2. Informations sur les huiles essentielles et leurs bienfaits.
3. Conseils pour un rinçage optimal (vinaigre de cidre, eau froide).
4. Astuces pour un cuir chevelu sain (massages, alimentation).
5. Conseils pour la transition vers les shampoings naturels.
6. Récapitulatif des bienfaits des shampoings naturels.
7. Encouragement à expérimenter et à personnaliser les recettes.
8. Conseils pour un mode de vie plus naturel et respectueux de l'environnement.

1. Adapter les recettes à votre type de cheveux

Cheveux gras :

Privilégiez les plantes régulatrices de sébum comme l'ortie, le romarin et le thym.
Évitez les huiles végétales lourdes et les ingrédients trop hydratants.

Cheveux secs :

Optez pour des plantes hydratantes comme la guimauve, le calendula et l'aloe vera.

Intégrez des huiles végétales nourrissantes comme l'huile de coco, d'argan ou d'avocat.

Cheveux colorés :

Utilisez des plantes qui préservent la couleur comme l'hibiscus, la camomille et la sauge.
Évitez les ingrédients trop acides ou éclaircissants.

Cheveux fins :

Choisissez des plantes qui apportent du volume et de la légèreté comme la prêle et le romarin.
Évitez les huiles trop riches qui alourdissent les cheveux.

Cheveux bouclés :

Privilégiez les plantes hydratantes et démêlantes comme l'aloe vera , l'hibiscus et la rose.
Intégrez des huiles végétales qui définissent les boucles comme l'huile de jojoba.

2. Les Huiles essentielles : des alliées précieuses

Les huiles essentielles peuvent renforcer l'efficacité des shampoings naturels et apporter des bienfaits spécifiques :

Lavande : apaisante, purifiante, équilibrante.
Romarin : stimulante, tonifiante, favorise la pousse.
Arbre à thé : antifongique, antibactérienne, purifiante.
Ylang-ylang : fortifiante, stimulante, parfum exotique.
Menthe poivrée : rafraîchissante, stimulante, favorise la circulation.

Utilisez les huiles essentielles avec précaution, en respectant les dosages recommandés (quelques gouttes suffisent).

Diluez-les toujours dans une huile végétale ou dans le shampoing avant application.

3. Un rinçage optimal pour des cheveux éclatants

Le rinçage est une étape cruciale pour éliminer les résidus de shampoing et apporter de la brillance aux cheveux.
Vinaigre de cidre : dilué dans de l'eau, il équilibre le pH du cuir chevelu, apporte de la brillance et élimine les résidus de calcaire.
Eau froide : elle resserre les écailles des cheveux, les rendant plus lisses et plus brillants.
Infusions de plantes : utilisez des infusions de camomille, de romarin ou de sauge comme dernière eau de rinçage pour renforcer les bienfaits des plantes.

4. Un cuir chevelu sain pour des cheveux forts

Massages du cuir chevelu : stimulent la circulation sanguine, favorisant la pousse des cheveux et la détente.
Alimentation équilibrée : une alimentation riche en vitamines, minéraux et protéines est essentielle pour la santé des cheveux.
Hydratation : buvez suffisamment d'eau pour maintenir l'hydratation du cuir chevelu et des cheveux.
Protection solaire : protégez vos cheveux des rayons UV en portant un chapeau ou en utilisant des produits capillaires avec protection solaire.

5. La transition vers les shampoings naturels : patience et persévérance

Il faut parfois un temps d'adaptation pour que les cheveux s'habituent aux shampoings naturels.
Pendant la transition, les cheveux peuvent sembler plus gras ou plus ternes.
Soyez patient(e) et persévérant(e), et ajustez les recettes en fonction de vos besoins.

En suivant ces conseils et astuces, vous optimiserez les bienfaits des shampoings naturels et obtiendrez une chevelure saine, éclatante et pleine de vitalité.
Un Retour aux Sources pour une Beauté Capillaire Durable.

6. Récapitulatif des bienfaits des shampoings naturels

Au fil de ce livre, nous avons exploré les trésors que la nature offre pour prendre soin de nos cheveux. Les shampoings naturels, préparés à partir de plantes et de fleurs, se distinguent par leurs multiples bienfaits.

Douceur et respect du cuir chevelu :

Contrairement aux produits industriels, ils ne contiennent pas de sulfates agressifs ni de silicones qui étouffent les cheveux.

Richesse en nutriments :

Les plantes et les fleurs apportent des vitamines, des minéraux et des antioxydants essentiels à la santé des cheveux.

Adaptabilité :

Les recettes peuvent être personnalisées en fonction du type de cheveux et des besoins spécifiques.

Écologie :

Les shampoings naturels réduisent l'impact environnemental en limitant l'utilisation de produits chimiques et d'emballages plastiques.

Économie :

Préparez ses propres shampoings est souvent plus économique que d'acheter des produits industriels.

7. Encouragement à expérimenter et à personnaliser

Ce livre n'est qu'un point de départ. La beauté des shampoings naturels réside dans leur flexibilité.
N'hésitez pas à expérimenter avec différentes plantes et fleurs pour découvrir celles qui conviennent le mieux à vos cheveux.
Ajustez les dosages et les combinaisons d'ingrédients pour créer des recettes uniques.
Intégrez des huiles essentielles pour renforcer les bienfaits et personnaliser le parfum.
Observez attentivement les réactions de vos cheveux et de votre cuir chevelu pour adapter votre routine.

8. Vers un mode de vie plus naturel et respectueux de l'environnement

Adoptez les shampoings naturels est un pas vers un mode de vie plus sain et plus durable.

C'est une façon de :

- Se reconnecter avec la nature et de profiter de ses bienfaits.
- Réduire son exposition aux produits chimiques potentiellement nocifs.
- Soutenir une approche plus respectueuse de l'environnement.
- Prendre soin de soi de manière holistique, en considérant la santé des cheveux comme un reflet de la santé globale.

Un dernier conseil :

La patience est la clé. Les cheveux ont besoin de temps pour s'adapter aux changements.
Laissez-leur le temps de se régénérer et de retrouver leur équilibre naturel. Vous serez récompensé(e) par une chevelure saine, éclatante et pleine de vitalité.

En conclusion, les shampoings naturels sont bien plus qu'une simple alternative aux produits industriels. Ils représentent un retour aux sources, une célébration de la beauté naturelle et un engagement envers un mode de vie plus sain et plus respectueux de l'environnement.

Récapitulatif des bienfaits des shampoings naturels : un choix éclairé

À travers ce voyage au cœur des secrets botaniques, nous avons découvert les innombrables vertus des shampoings naturels. Plus qu'une simple alternative, ils représentent un choix éclairé pour la santé de nos cheveux et de notre planète.

Santé capillaire optimale :

Libérés des agents chimiques agressifs, nos cheveux retrouvent leur équilibre naturel, leur brillance et leur vitalité.

Respect de l'environnement :

En privilégiant les ingrédients naturels et les emballages réutilisables, nous contribuons à réduire notre empreinte écologique.

Connexion avec la nature :

L'utilisation de plantes et de fleurs nous reconnecte avec le monde végétal, source inépuisable de bienfaits.

Personnalisation et créativité :
Les recettes de shampoings naturels offrent une infinité de possibilités pour créer des soins capillaires sur mesure.

Bien-être global :

Prendre soin de nos cheveux avec des produits naturels favorise un sentiment de bien-être et d'harmonie.

Au-delà des Cheveux :

Un engagement pour un mode de vie responsable
L'adoption des shampoings naturels s'inscrit dans une démarche plus globale de consommation responsable et de respect de

l'environnement. C'est un pas vers un mode de vie plus conscient, où chaque choix compte.

Soutien à l'agriculture biologique et locale :

Privilégier les plantes cultivées sans pesticides ni engrais chimiques contribue à préserver la biodiversité et à soutenir les producteurs locaux.

Réduction des déchets :

En préparant nos propres shampoings, nous limitons la production de déchets plastiques et d'emballages superflus.

Éducation et transmission :

Partager nos connaissances sur les bienfaits des shampoings naturels permet de sensibiliser notre entourage et d'encourager des pratiques plus durables.
Un appel à l'action : cultiver la beauté naturelle au quotidien.

Ce livre vous a donné les clés pour créer vos propres shampoings naturels. Il est temps de passer à l'action et de cultiver la beauté naturelle au quotidien.

Expérimentez, créez, partagez :

Laissez libre cours à votre créativité et partagez vos découvertes avec vos proches.

Soyez patient et persévérant :

Les résultats des soins naturels peuvent prendre du temps, mais ils sont durables et bénéfiques à long terme.

Écoutez votre corps et vos cheveux :

Adaptez vos soins en fonction de leurs besoins et de leurs réactions.

Célébrez la beauté naturelle :

Appréciez la simplicité et l'authenticité des soins naturels, et retrouvez le plaisir de prendre soin de vous en harmonie avec la nature.

En conclusion, les shampoings naturels ne sont pas seulement des produits de beauté, mais des symboles d'un retour aux sources, d'un engagement pour la santé et d'un respect profond pour la nature. Cultivons ensemble cette beauté naturelle, pour nous-mêmes et pour les générations futures.

48

Chapitre 5 : Attention !

Certaines plantes et fleurs peuvent avoir des effets néfastes sur les cheveux et le cuir chevelu, surtout si elles sont utilisées de manière inappropriée ou si vous avez des sensibilités particulières.

Plantes et fleurs irritantes ou allergènes :

L'ortie : bien qu'elle ait des bienfaits pour les cheveux, l'ortie fraîche peut provoquer des irritations et des démangeaisons en raison de ses poils urticants. Il est donc préférable d'utiliser de l'ortie séchée ou des extraits préparés.

Le sumac vénéneux : cette plante est extrêmement irritante et peut provoquer des éruptions cutanées sévères. Évitez tout contact avec elle.

Certaines fleurs sauvages : les personnes allergiques au pollen doivent être prudentes avec les fleurs sauvages, car elles peuvent provoquer des réactions allergiques cutanées.

Plantes et fleurs toxiques (à éviter absolument) :

Le laurier-rose : toutes les parties de cette plante sont toxiques et peuvent provoquer des irritations cutanées, des problèmes cardiaques et d'autres problèmes de santé graves.

La digitale : cette plante est également toxique et peut provoquer des problèmes cardiaques.

Le ricin : les graines de ricin contiennent une toxine très puissante appelée ricine, qui peut être mortelle.

Plantes et fleurs pouvant causer des problèmes spécifiques :

Le henné noir : le henné naturel est généralement sûr, mais le henné noir peut contenir des produits chimiques toxiques qui provoquent des réactions allergiques et des dommages aux cheveux.

Certaines huiles essentielles : les huiles essentielles peuvent être très puissantes et doivent être utilisées avec prudence. Certaines peuvent provoquer des irritations ou des réactions allergiques si elles sont utilisées en trop grande quantité ou si elles ne sont pas diluées correctement.

Conseils importants :

Identifiez correctement les plantes avant de les utiliser. En cas de doute, évitez-les.

Faites un test cutané avant d'appliquer une nouvelle plante ou un nouvel extrait sur votre cuir chevelu.

Utilisez les huiles essentielles avec prudence et diluez-les toujours dans une huile porteuse.

Si vous avez des problèmes de cuir chevelu ou des allergies, consultez un dermatologue ou un professionnel de la santé.
Il est toujours préférable de se renseigner auprès d'un professionnel avant d'utiliser une plante ou une fleur nouvelle sur ses cheveux ou son cuir chevelu.

Si vous avez utilisé un shampoing ou un après-shampoing à base de plantes et de fleurs naturelles et que cela a légèrement teinté vos cheveux colorés, voici quelques options pour atténuer ou éliminer cette coloration temporaire.

1. Lavages fréquents :

La méthode la plus simple est de laver vos cheveux plus fréquemment avec un shampoing doux.
Utilisez un shampoing clarifiant une fois par semaine pour aider à éliminer les pigments.
Le temps fera son œuvre. La plupart des colorations naturelles s'estompent progressivement avec les lavages.

2. Rincer avec du vinaigre de cidre de pomme :

Le vinaigre de cidre de pomme peut aider à équilibrer le pH de vos cheveux et à éliminer les résidus.
Mélangez une part de vinaigre de cidre de pomme avec trois parts d'eau.
Appliquez sur vos cheveux après le shampoing, laissez agir quelques minutes, puis rincez abondamment.

3. Masques à l'argile :

L'argile, en particulier l'argile verte ou le rhassoul, peut aider à absorber les pigments naturels.
Mélangez de l'argile avec de l'eau pour former une pâte.
Appliquez sur vos cheveux, laissez agir pendant 15 à 20 minutes, puis rincez.

4. Huiles végétales :

Les huiles végétales, comme l'huile de coco ou l'huile d'olive, peuvent aider à faire dégorger la couleur.
Appliquez généreusement de l'huile sur vos cheveux, laissez agir pendant plusieurs heures (voire toute la nuit), puis lavez vos cheveux.

5. Jus de citron :

Le jus de citron a des propriétés éclaircissantes naturelles.
Mélangez du jus de citron frais avec de l'eau et appliquez sur vos cheveux.
Laissez agir pendant 10 à 15 minutes, puis rincez.
Attention, le jus de citron peut assécher les cheveux, il est important d'hydrater vos cheveux après ce soin. De plus, il peut rendre les cheveux plus sensibles au soleil.

6. Bicarbonate de soude :

Le bicarbonate de soude est un agent de nettoyage puissant qui peut aider à éliminer les pigments.
Mélangez une cuillère à soupe de bicarbonate de soude avec votre shampoing habituel.
Lavez vos cheveux comme d'habitude et rincez abondamment.

Attention, le bicarbonate de soude peut assécher les cheveux, il est important d'hydrater vos cheveux après ce soin.

7. Consulter un professionnel :

Si la coloration est tenace ou si vous êtes inquiet, consultez un coiffeur professionnel.
Ils pourront vous conseiller sur les meilleures options pour éliminer la coloration sans endommager vos cheveux.

Conseils supplémentaires :

Soyez patient, car il peut falloir plusieurs lavages pour éliminer complètement la coloration naturelle. Si vous avez les cheveux colorés chimiquement, soyez prudent avec les remèdes maison, car ils pourraient interagir avec la coloration.

Chapitre 6 : Les gommages au sel ou au sucre

Les gommages au sel ou au sucre sont d'excellents moyens d'exfolier le cuir chevelu, d'éliminer les cellules mortes et les résidus de produits, et de stimuler la circulation sanguine.

Gommage au sel

Gommage au sel et à l'huile de coco ou l'huile d'olive

Propriétés et bienfaits
Le sel, en particulier le sel marin, est un exfoliant puissant qui élimine efficacement les impuretés et les cellules mortes.
Il a des propriétés antiseptiques qui peuvent aider à combattre les pellicules et les infections du cuir chevelu.
Il stimule la circulation sanguine, ce qui favorise la croissance des cheveux.

Recette
Mélangez 2 cuillères à soupe de sel marin fin avec 2 cuillères à soupe d'huile de coco ou d'huile d'olive.
Vous pouvez ajouter quelques gouttes d'huile essentielle de Tea tree pour renforcer les propriétés antiseptiques.
Appliquez le mélange sur le cuir chevelu humide et massez doucement en mouvements circulaires pendant quelques minutes.
Rincez abondamment à l'eau tiède, puis lavez vos cheveux avec un shampoing doux.

Précautions
Le sel peut être abrasif, donc utilisez-le avec douceur, surtout si vous avez le cuir chevelu sensible.
Évitez d'utiliser ce gommage si vous avez des coupures ou des irritations sur le cuir chevelu.

Gommage au sel et au jus de citron (pour cuir chevelu gras et pellicules)

Propriétés et bienfaits :
Le sel marin exfolie en profondeur et élimine les cellules mortes. Le jus de citron a des propriétés astringentes et antibactériennes, idéales pour lutter contre les pellicules et l'excès de sébum.

Ce gommage purifie et rafraîchit le cuir chevelu.

Recette :
Mélangez 2 cuillères à soupe de sel marin fin, 1 cuillère à soupe de jus de citron frais et 1 cuillère à soupe d'huile de coco (pour hydrater).
Ajoutez quelques gouttes d'huile essentielle d'arbre à thé pour renforcer les propriétés antifongiques.
Appliquez sur le cuir chevelu humide, massez doucement et rincez abondamment.

Précautions :
Le jus de citron peut être irritant pour les cuirs chevelus très sensibles ou les coupures.
Évitez l'exposition au soleil après l'application, car le citron peut rendre la peau plus sensible.

Gommage au sucre

Gommage au sucre brun et à l'huile d'amande douce ou d'huile de jojoba

Propriétés et bienfaits
Le sucre, en particulier le sucre brun, est un exfoliant plus doux que le sel, ce qui le rend adapté aux cuirs chevelus sensibles.
Il élimine les cellules mortes et les résidus de produits sans irriter le cuir chevelu.
Il hydrate légèrement le cuir chevelu grâce à ses propriétés humectantes.

Recette
Mélangez 2 cuillères à soupe de sucre brun avec 2 cuillères à soupe d'huile d'amande douce ou d'huile de jojoba.
Vous pouvez ajouter 1 cuillère à soupe de miel pour renforcer l'hydratation.
Appliquez le mélange sur le cuir chevelu humide et massez doucement en mouvements circulaires pendant quelques minutes.
Rincez abondamment à l'eau tiède, puis lavez vos cheveux avec un shampoing doux.

Précautions
Bien que le sucre soit plus doux que le sel, il peut quand même être abrasif, donc massez doucement.
Si vous avez le cuir chevelu très sensible, faites un test sur une petite zone avant d'appliquer le gommage sur l'ensemble du cuir chevelu.

Gommage au sucre et à l'avoine (pour cuir chevelu sensible)

Propriétés et bienfaits :
L'avoine colloïdale est très douce et apaisante, idéale pour les cuirs chevelus sensibles ou irrités.
Le sucre brun exfolie en douceur, tandis que l'avoine calme les irritations.
Ce gommage hydrate et adoucit le cuir chevelu.

Recette :
Mélangez 2 cuillères à soupe de sucre brun fin, 2 cuillères à soupe d'avoine colloïdale et 2 cuillères à soupe d'huile d'amande douce.
Ajoutez 1 cuillère à soupe de miel pour ses propriétés hydratantes et antibactériennes.
Appliquez sur le cuir chevelu humide, massez doucement et rincez abondamment.

Précautions :
Même si l'avoine est douce, massez toujours délicatement pour éviter toute irritation.

Gommage au sucre et à l'huile de jojoba (pour cuir chevelu sec)

Propriétés et bienfaits :
Le sucre brun exfolie en douceur.
L'huile de jojoba est très similaire au sébum naturel de la peau, ce qui la rend idéale pour hydrater et équilibrer le cuir chevelu sec.

Ce gommage nourrit et adoucit le cuir chevelu.

Recette :
Mélangez 2 cuillères à soupe de sucre brun fin et 3 cuillères à soupe d'huile de jojoba.
Ajoutez quelques gouttes d'huile essentielle de lavande pour ses propriétés apaisantes.
Appliquez sur le cuir chevelu humide, massez doucement et rincez abondamment.

Précautions :
Même si l'huile de jojoba est douce, massez toujours délicatement.

Gommage, masque capillaire exfoliant au raisin et au sucre

Propriétés et bienfaits :
Le raisin est un antioxydants puissants, stimule la croissance, hydrate, donne de la brillance et protège le cuir chevelu.
Le sucre brun exfolie en douceur.

Recette :
 Mélangez 240ml de raisins écrasés, 2 cuillères à soupe de sucre brun (granulation fine), 1 cuillère à soupe d'huile de coco jusqu'à obtenir une pâte homogène. Appliquez le masque sur votre cuir chevelu en massant doucement pour exfolier les cellules mortes. Laissez agir pendant 15 minutes, puis rincez abondamment. Ce masque exfolie en douceur le cuir chevelu, élimine les impuretés et stimule la circulation sanguine.

Conseils généraux

Effectuez ces gommages une fois par semaine ou toutes les deux semaines, selon les besoins de votre cuir chevelu.
Pour une exfoliation plus douce, utilisez du sucre très fin ou du sel fin.
Massez doucement pour éviter d'irriter le cuir chevelu.
Rincez abondamment pour éliminer tous les résidus de sel ou de sucre.
N'hésitez pas à ajouter des huiles essentielles pour des bienfaits supplémentaires (romarin pour la croissance, menthe poivrée pour la fraîcheur, etc.).
En cas de doute ou de problèmes de cuir chevelu persistants, consultez un dermatologue.

En plus ...

Voici d'autres recettes de gommages pour le cuir chevelu, en explorant des ingrédients variés et leurs bienfaits spécifiques :

Gommage au marc de café (pour stimuler la croissance)

Propriétés et bienfaits :
Le marc de café est un exfoliant naturel qui élimine les cellules mortes et stimule la circulation sanguine du cuir chevelu.
Il contient de la caféine, qui peut favoriser la croissance des cheveux.
Ce gommage apporte de la brillance et de la douceur aux cheveux.

Recette :
Mélangez 2 cuillères à soupe de marc de café fin avec 1 cuillère à soupe d'huile de coco et 1 cuillère à soupe de miel.
Appliquez sur le cuir chevelu humide, massez doucement en mouvements circulaires pendant quelques minutes, puis rincez abondamment.

Précautions :
Le marc de café peut tacher les cheveux clairs, utilisez-le avec prudence.
Massez doucement pour éviter d'irriter le cuir chevelu.

Gommage à la poudre de noix de coco (pour cuir chevelu sec et pellicules)

Propriétés et bienfaits :
La poudre de noix de coco est un exfoliant doux qui élimine les cellules mortes et les pellicules.
Elle hydrate et nourrit le cuir chevelu, ce qui est idéal pour les cheveux secs.
Ce gommage a des propriétés antifongiques qui peuvent aider à lutter contre les pellicules.

Recette :
Mélangez 2 cuillères à soupe de poudre de noix de coco fine avec 2 cuillères à soupe d'huile d'olive et quelques gouttes d'huile essentielle d'arbre à thé.
Appliquez sur le cuir chevelu humide, massez doucement et rincez abondamment.

Précautions :
Assurez-vous d'utiliser de la poudre de noix de coco fine pour éviter d'irriter le cuir chevelu.

Gommage au bicarbonate de soude (pour clarifier le cuir chevelu)

Propriétés et bienfaits :
Le bicarbonate de soude est un exfoliant puissant qui élimine les résidus de produits et les impuretés. Il équilibre le pH du cuir chevelu et réduit l'excès de sébum.
Ce gommage clarifie le cuir chevelu et prépare les cheveux à absorber les soins.

Recette :
Mélangez 1 cuillère à soupe de bicarbonate de soude avec 2 cuillères à soupe d'eau tiède pour former une pâte.
Appliquez sur le cuir chevelu humide, massez doucement et rincez abondamment.
Après ce gommage, il est important d'utiliser un après shampoing car le bicarbonate de soude à tendance à assécher le cuir chevelu.

Précautions :
Le bicarbonate de soude peut être abrasif, utilisez-le avec modération et évitez-le si vous avez le cuir chevelu sensible.
N'utilisez pas ce gommage plus d'une fois par semaine.

Gommage au bicarbonate de soude et au miel (pour cuir chevelu gras et pellicules)

Propriétés et bienfaits :

Le bicarbonate de soude exfolie en profondeur et élimine les résidus de produits.
Le miel a des propriétés antibactériennes et hydratantes qui aident à lutter contre les pellicules et les irritations. Ce gommage clarifie et équilibre le cuir chevelu.

Recette :
Mélangez 1 cuillère à soupe de bicarbonate de soude, 1 cuillère à soupe de miel et 1 cuillère à soupe d'eau tiède.
Appliquez sur le cuir chevelu humide, massez doucement et rincez abondamment.

Précautions :
Le bicarbonate de soude peut être asséchant, utilisez-le avec modération.
Après ce gommage, il est important d'utiliser un après shampoing car le bicarbonate de soude à tendance à assécher le cuir chevelu.

Gommage à l'argile de rhassoul (pour cuir chevelu gras et pellicules)

Propriétés et bienfaits :
L'argile de rhassoul est un exfoliant doux qui absorbe l'excès de sébum et les impuretés.

Elle a des propriétés purifiantes et apaisantes qui aident à lutter contre les pellicules et les irritations.
Ce gommage laisse le cuir chevelu propre et équilibré.

Recette :
Mélangez 3 cuillères à soupe d'argile de rhassoul en poudre avec 2 cuillères à soupe d'eau tiède ou d'infusion de plantes (camomille, ortie).
Ajoutez quelques gouttes d'huile essentielle d'arbre à thé pour renforcer les propriétés antifongiques.
Appliquez sur le cuir chevelu humide, massez doucement et rincez abondamment.

Précautions :
Évitez d'utiliser des ustensiles en métal avec l'argile, car cela peut altérer ses propriétés.

Gommage aux graines de lin (pour cuir chevelu sec et irrité)

Propriétés et bienfaits :
Les graines de lin sont riches en acides gras oméga-3, qui hydratent et apaisent le cuir chevelu.
Elles ont des propriétés anti-inflammatoires qui aident à calmer les irritations et les démangeaisons.
Ce gommage laisse le cuir chevelu doux et hydraté.

Recette :
Faites tremper 2 cuillères à soupe de graines de lin dans de l'eau tiède pendant 30 minutes.

Mixez les graines de lin trempées pour obtenir une pâte. Ajoutez 1 cuillère à soupe d'huile d'olive et quelques gouttes d'huile essentielle de lavande.

Appliquez sur le cuir chevelu humide, massez doucement et rincez abondamment.

Précautions : Rincez bien vos cheveux.

Chapitre 7 : Les eaux florales

L'eau florale, également appelée hydrolat, est un produit naturel obtenu par distillation à la vapeur d'eau de plantes aromatiques. Elle conserve une partie des propriétés de la plante dont elle est issue, ce qui en fait un soin doux et bénéfique pour les cheveux et le cuir chevelu.

Eau florale de fleur d'oranger :

Apaisante et adoucissante : elle calme les irritations du cuir chevelu et les démangeaisons, ce qui la rend idéale pour les cuirs chevelus sensibles.

Hydratante : elle hydrate les cheveux secs et leur redonne de la brillance.

Parfum délicat : son parfum floral et apaisant laisse une agréable sensation de fraîcheur.

Eau floral de rose :

Régénérante : Elle stimule la circulation sanguine du cuir chevelu, favorisant ainsi la pousse des cheveux.

Hydratante et tonifiante : elle hydrate les cheveux et leur redonne de la vitalité.

Apaisante : elle calme les irritations et les rougeurs du cuir chevelu.

Parfum floral : son parfum floral et délicat laisse une agréable sensation de bien-être.

Eau florale de lavande officinale :

Purifiante et équilibrante : elle régule la production de sébum, ce qui la rend idéale pour les cheveux gras.

Apaisante : elle calme les irritations et les démangeaisons du cuir chevelu.

Antiseptique : elle aide à lutter contre les pellicules et les infections du cuir chevelu.

Parfum relaxant : son parfum floral et herbacé favorise la détente.

Eau florale de romarin :

Stimulante : elle favorise la pousse des cheveux et lutte contre la chute.

Purifiante : elle assainit le cuir chevelu et régule la production de sébum, ce qui est bénéfique pour les cheveux gras ou sujets aux pellicules.

Fortifiante : elle renforce la fibre capillaire et apporte brillance et vitalité aux cheveux.

Parfum herbacé : son parfum frais, aromatique équilibre les émotions, le bien-être.

Comment utiliser les eaux florales pour les cheveux :

En lotion de rinçage : après le shampoing, vaporisez l'eau florale sur l'ensemble de la chevelure pour apporter brillance et douceur.

En lotion tonique : vaporisez l'eau florale sur le cuir chevelu pour le rafraîchir et l'apaiser.

En soin sans rinçage : vaporisez l'eau florale sur les longueurs et les pointes pour hydrater et parfumer les cheveux.

En masque capillaire : mélangez l'eau florale avec d'autres ingrédients naturels (argile, huiles végétales, etc.) pour créer un masque capillaire personnalisé.

Précautions :
Choisissez des eaux florales de qualité, pures et sans conservateurs.
Conservez les eaux florales à l'abri de la lumière et de la chaleur. Faites un test cutané avant d'utiliser une eau florale pour la première fois, afin de vérifier que vous n'êtes pas allergique.
En intégrant les eaux florales dans votre routine capillaire, vous profiterez de leurs nombreux bienfaits pour des cheveux sains, brillants et parfumés.

Pour les cheveux secs :

Hydrolat de lavande :
Il est apaisant pour le cuir chevelu et aide à soulager les démangeaisons et les irritations.
Il est idéal pour les cheveux secs et abîmés, car il aide à les hydrater et à les adoucir.

Hydrolat de camomille romaine :
Il est connu pour ses propriétés apaisantes et adoucissantes pour le cuir chevelu.
Il est particulièrement recommandé pour les cheveux fragiles et secs.

Hydrolat de fleur d'oranger :
Il hydrate les cheveux et leur donne une brillance naturelle.
Il aide à démêler les cheveux et à réduire les frisottis.

Hydrolat d'ylang-ylang :
Il tonifie le cuir chevelu et stimule la pousse des cheveux.
Il apporte brillance et vigueur aux cheveux secs et cassants.

Hydrolat d'hamamélis:
Connu pour ses vertus apaisantes et hydratantes il est idéale pour le soin des cheveux secs et des cuirs chevelus sensibles.

Comment utiliser les hydrolats pour les cheveux secs :

Vous pouvez les vaporiser directement sur vos cheveux secs ou humides après le lavage.
Vous pouvez les ajouter à votre shampoing ou à votre après-shampoing pour renforcer leurs propriétés hydratantes.
Vous pouvez les utiliser comme lotion capillaire pour rafraîchir et hydrater vos cheveux tout au long de la journée.

Il est important de choisir un hydrolat de qualité, de préférence bio et sans conservateurs.

Pour les cheveux gras :

Hydrolat de lavande :
Il régule la production de sébum et apaise le cuir chevelu.
Il est idéal pour les cheveux gras et sujets aux pellicules.

Hydrolat de romarin :
Il stimule la circulation sanguine du cuir chevelu et régule la production de sébum.
Il est également connu pour ses propriétés antipelliculaires.

Hydrolat de sauge sclarée :
Il équilibre la production de sébum et purifie le cuir chevelu.
Il est particulièrement efficace pour les cheveux très gras.

Hydrolat de Tea tree (arbre à thé) :
Il possède des propriétés purifiantes et antibactériennes.
Il est idéal pour les cuirs chevelus gras et sujets aux problèmes de peau.

Hydrolat d'hamamélis :
Il est astringent et purifiant.
Il aide à resserrer les pores du cuir chevelu et à réduire l'excès de sébum.

Comment utiliser les hydrolats pour les cheveux gras :

Vous pouvez les vaporiser directement sur votre cuir chevelu après le lavage.
Vous pouvez les utiliser comme lotion capillaire pour rafraîchir votre cuir chevelu tout au long de la journée.
Vous pouvez les incorporer dans vos masques capillaires à base d'argile.

Conseils supplémentaires :

Évitez d'utiliser des produits capillaires trop riches ou trop gras.
Lavez vos cheveux régulièrement, mais pas trop souvent, pour ne pas stimuler la production de sébum.
Rincez vos cheveux à l'eau froide, car l'eau chaude a tendance à stimuler la production de sébum.

Pour lutter contre les péllicules :

Hydrolat de romarin :
Il est réputé pour ses propriétés purifiantes et stimulantes.
Il aide à réguler la production de sébum et à lutter contre les pellicules.
Il favorise également la circulation sanguine du cuir chevelu.

Hydrolat de Tea tree (arbre à thé) :
Il possède des propriétés antifongiques et antibactériennes puissantes.
Il est efficace pour lutter contre les pellicules causées par des champignons.
Il apaise les irritations et les démangeaisons du cuir chevelu.

Hydrolat de lavande :
Il est apaisant et anti-inflammatoire.
Il aide à calmer les démangeaisons et les irritations du cuir chevelu.
Il peut également aider à réguler la production de sébum.

Hydrolat de cèdre de l'Atlas :
Il est rééquilibrant et purifiant.
Il est efficace contre les pellicules et les cheveux gras. Il tonifie le cuir chevelu.

Comment utiliser les hydrolats contre les pellicules :

Vous pouvez vaporiser l'hydrolat directement sur votre cuir chevelu après le lavage, en massant doucement.
Vous pouvez l'ajouter à votre shampoing ou à votre masque capillaire.
Vous pouvez l'utiliser comme lotion capillaire quotidienne pour rafraîchir et apaiser votre cuir chevelu.

Conseils supplémentaires :

Il est important de choisir un hydrolat de qualité, de préférence bio et sans conservateurs.
Si vous avez des pellicules persistantes ou sévères, il est recommandé de consulter un dermatologue.
Il est important de ne pas confondre pellicules et sécheresse du cuir chevelu, car les remèdes sont différents.

Chapitre 8 : Les Huiles végétales

Les huiles végétales sont des alliées précieuses pour prendre soin de votre cuir chevelu et de vos cheveux. Voici une sélection d'huiles adaptées à différents besoins :

Cuir chevelu sec :

Huile d'argan : riche en acides gras et en vitamine E, elle nourrit en profondeur et apporte de la brillance.
Huile d'avocat : hydratante et réparatrice, elle est idéale pour les cuirs chevelus secs et abîmés.
Huile de coco : pénètre facilement la fibre capillaire, hydrate et protège.
Huile d'amande douce : apaise les irritations, hydrate et nourrit.

Cuir chevelu gras :

Huile de jojoba : régule la production de sébum, purifie le cuir chevelu.
Huile de noisette : équilibrante et non grasse, elle convient aux cuirs chevelus gras.
Huile de pépins de raisin : légère et astringente, elle aide à contrôler l'excès de sébum.

Pellicules :

Huile de cade : antifongique et antipelliculaire, elle apaise les démangeaisons.
Huile de neem : antibactérienne et antifongique, elle aide à lutter contre les pellicules.
Huile de ricin : aide à la micro-circulation, ce qui favorise l'acheminement des nutriments vers les cellules du cuir chevelu.
Huile de Nigelle: apaisante et purifiante, elle permet de limiter la surproduction de sébum.

Perte de cheveux :

Huile de ricin : stimule la croissance des cheveux, fortifie les follicules pileux.
Huile de moutarde : favorise la circulation sanguine vers le cuir chevelu, stimule la croissance.
Huile de romarin : stimule la circulation sanguine, favorise la croissance des cheveux.
Huile de coco : nourrit le cuir chevelu, renforce les cheveux, prévient la casse.

Cheveux blancs :

Huile d'amla : réputée pour prévenir le grisonnement prématuré des cheveux.
Huile de brahmi : traditionnellement utilisée pour foncer les cheveux et prévenir les cheveux blancs.

Conseils d'utilisation :

Appliquez l'huile végétale sur votre cuir chevelu et vos cheveux, en massant doucement.
Laissez agir pendant au moins 30 minutes, avant de laver vos cheveux.
Vous pouvez également ajouter quelques gouttes d'huile essentielle à votre huile végétale pour renforcer ses bienfaits.
Choisissez des huiles végétales de qualité, de préférence biologiques et pressées à froid.
Faites un test cutané avant d'utiliser une nouvelle huile végétale pour éviter les allergies.
N'oubliez pas que les résultats peuvent varier en fonction de votre type de cheveux et de vos besoins spécifiques. Soyez patient et régulier dans votre routine de soins capillaires.

Chapitre 9 : Les Huiles Essentielles

Les huiles essentielles peuvent être de précieuses alliées pour la santé de vos cheveux et de votre cuir chevelu. Voici un aperçu de leurs bienfaits et de leurs utilisations :

Bienfaits des huiles essentielles pour les cheveux et le cuir chevelu :

Stimulation de la croissance des cheveux :
Certaines huiles, comme le romarin, la menthe poivrée et le cèdre de l'Atlas, favorisent la circulation sanguine du cuir chevelu, ce qui stimule la croissance des cheveux.

Lutte contre la chute des cheveux :
Des huiles comme le romarin, le thym et la lavande peuvent aider à renforcer les follicules pileux et à réduire la chute des cheveux.

Régulation de la production de sébum :
Les huiles de Tea tree, de citron et de sauge sclarée sont efficaces pour réguler l'excès de sébum et purifier le cuir chevelu.

Traitement des pellicules :
Les huiles de Tea tree, de lavande et de romarin ont des propriétés antifongiques et antibactériennes qui aident à lutter contre les pellicules.

Apaisement des irritations du cuir chevelu :
Les huiles de camomille romaine, de lavande et de Tea tree calment les irritations, les démangeaisons et les inflammations du cuir chevelu.

Amélioration de la brillance et de la texture des cheveux :
Les huiles d'ylang-ylang, de géranium et de lavande apportent brillance, douceur et souplesse aux cheveux.

Utilisations adaptées des huiles essentielles :

Massage du cuir chevelu :
Diluez quelques gouttes d'huile essentielle dans une huile végétale (comme l'huile de jojoba ou de coco) et massez délicatement votre cuir chevelu.

Ajout au shampoing ou à l'après-shampoing :
Ajoutez quelques gouttes d'huile essentielle à votre dose de shampoing ou d'après-shampoing avant de l'appliquer.

Masque capillaire :
Mélangez quelques gouttes d'huile essentielle avec une huile végétale et appliquez le mélange sur vos cheveux et votre cuir chevelu. Laissez agir pendant 30 minutes à une heure avant de rincer.

Lotion de rinçage :
Ajoutez quelques gouttes d'huile essentielle à de l'eau tiède et utilisez cette lotion pour rincer vos cheveux après le shampoing.

Huiles essentielles recommandées selon les problèmes capillaires :

Cheveux gras :
Tea tree, citron, sauge sclarée, romarin.

Cheveux secs :
Ylang-ylang, lavande, géranium, bois de santal.

Pellicules :
Tea tree, lavande, romarin, cèdre de l'Atlas.

Chute de cheveux :
Romarin, menthe poivrée, cèdre de l'Atlas, thym.

Démangeaisons du cuir chevelu :
Camomille romaine, lavande, Tea tree.

Précautions d'emploi :

Les huiles essentielles sont très concentrées et doivent être utilisées avec précaution.

Diluez toujours les huiles essentielles dans une huile végétale avant de les appliquer sur la peau ou le cuir chevelu.

Effectuez un test cutané avant d'utiliser une nouvelle huile essentielle pour vérifier que vous n'êtes pas allergique.

Les femmes enceintes ou allaitantes et les enfants doivent consulter un professionnel de santé avant d'utiliser des huiles essentielles. Évitez tout contact avec les yeux.

Chapitre 10 : Les thés et les infusions

Le thé offre une multitude de bienfaits pour les cheveux et le cuir chevelu, et peut être adapté à différents types de cheveux, y compris les cheveux colorés. Voici un aperçu des thés les plus bénéfiques et de leurs utilisations :

Les thés

Thé vert :

Bienfaits : Stimule la croissance des cheveux grâce à sa richesse en antioxydants et en caféine.
Réduit la chute des cheveux.
Apaise le cuir chevelu irrité et combat les pellicules.
Protège les cheveux des dommages causés par les UV.

Utilisation : Rinçage après le shampoing.
Application en spray sur le cuir chevelu.
Ingrédient dans les masques capillaires.

Adapté à : Tous types de cheveux, en particulier les cheveux fins, sujets à la chute et les cuirs chevelus irrités.

Thé noir :

Bienfaits : Apporte de la brillance aux cheveux foncés.
Renforce les cheveux et réduit la casse.

Peut légèrement foncer les cheveux clairs (à utiliser avec prudence sur les cheveux blonds).

Utilisation : Rinçage pour intensifier la couleur des cheveux bruns et noirs.

Adapté à : Cheveux bruns et noirs, cheveux ternes et cassants.

Thé à la camomille :

Bienfaits : Apaise le cuir chevelu sensible et irrité.
Éclaircit légèrement les cheveux blonds et châtain clair.
Apporte de la brillance.

Utilisation : Rinçage pour éclaircir et adoucir les cheveux blonds. Application en compresse sur le cuir chevelu irrité.

Adapté à : Cheveux blonds et châtain clair, cuirs chevelus sensibles.

Thé à l'hibiscus :

Bienfaits : Stimule la croissance des cheveux.
Renforce les racines.
Apporte de la brillance et de la douceur.
Peut donner des reflets rougeoyants.

Utilisation : Rinçage. Masque capillaire.

Adapté à : Cheveux fins, ternes et cassants.

Les infusions

Infusion de camomille :

Apaisante et anti-inflammatoire, elle calme les irritations et les démangeaisons du cuir chevelu. Elle peut également aider à éclaircir naturellement les cheveux blonds.

Infusion d'hibiscus :
Riche en vitamine C et en antioxydants, elle favorise la croissance des cheveux et leur donne de la brillance. Elle peut également aider à lutter contre les pellicules.

Infusion de romarin :
Stimule la circulation sanguine du cuir chevelu et favorise la croissance des cheveux.
Ses propriétés purifiantes aident à réguler l'excès de sébum et à lutter contre les pellicules.

Infusion d'ortie :
Riche en vitamines et en minéraux, elle renforce les cheveux et stimule leur croissance.
Elle peut également aider à lutter contre la chute des cheveux.

Infusion de thym :
Tonifie le cuir chevelu, réduit les problèmes de cuir chevelu et apporte de la brillance.

Infusion de prêle :
Riche en silice, elle fortifie la structure du cheveu et accélère le renouvellement.

Infusion de sauge :

Aide à réguler la production de sébum et à lutter contre les pellicules.
Elle peut également aider à foncer naturellement les cheveux gris.

Comment utiliser ces infusions pour les cheveux :

Vous pouvez les boire régulièrement pour profiter de leurs bienfaits internes.
Vous pouvez les utiliser comme lotion de rinçage après le shampoing.
Vous pouvez les incorporer dans vos masques capillaires maison.

Conseils supplémentaires :

Choisissez des infusions de qualité, de préférence biologiques.
Faites attention aux éventuelles allergies ou sensibilités aux plantes.
Utilisez du thé infusé refroidi pour éviter d'irriter le cuir chevelu.
Faites un test sur une petite mèche de cheveux avant d'appliquer le thé sur toute votre chevelure, surtout si vous avez les cheveux colorés.
Si vous avez les cheveux colorés, il est préférable de faire attention aux thés qui peuvent modifier la couleur de vos cheveux.

Pour les pellicules, le thé vert et le thé à l'arbre à thé peuvent être très efficaces.
Pour les cheveux secs, le thé noir et le thé à la camomille peuvent apporter une hydratation supplémentaire.

Chapitre 11 : Fruits et légumes

Les fruits et légumes sont d'excellentes sources de vitamines, minéraux et antioxydants, ce qui les rend parfaits pour les soins capillaires.

Voici quelques exemples de fruits :

Avocat :
Riche en huiles naturelles et en vitamines, il hydrate et nourrit les cheveux secs et abîmés.

Utilisation : Purée d'avocat mélangée à du savon de Castille liquide pour un shampoing, ou utilisée seule comme masque après-shampoing.

Banane :
Riche en potassium et en vitamines, elle renforce les cheveux, leur apporte de la brillance et réduit les frisottis.

Utilisation : Purée de banane mélangée à du miel et de l'huile d'olive pour un masque capillaire nourrissant.

Citron :
Grâce à son acidité, il purifie le cuir chevelu, élimine l'excès de sébum et apporte de la brillance.

Utilisation : Jus de citron dilué dans de l'eau comme rinçage après-shampoing pour les cheveux gras.

Orange :
Riche en vitamine C, elle stimule la production de collagène, essentiel pour des cheveux forts et sains. Ses propriétés antioxydantes aident à protéger les cheveux contre les dommages des radicaux libres. L'acidité de l'orange peut aider à équilibrer le pH du cuir chevelu.

Utilisation : Rinçage à l'orange pour cheveux brillants : Pressez le jus d'une orange. Après votre shampoing, utilisez le jus d'orange (Si vous avez le cuir chevelu sensible, diluez avec de l'eau.) comme rinçage final. Laissez agir quelques minutes, puis rincez à l'eau froide.

Fraise :
Riche en antioxydants, elle protège les cheveux des dommages environnementaux et leur apporte de la brillance.

Utilisation : Purée de fraises mélanger avec de l'huile de coco pour un masque brillant.

Papaye :
Contient des enzymes qui aident à éliminer les cellules mortes du cuir chevelu et à favoriser la croissance des cheveux.

Utilisation : Purée de papaye mélangée à du yaourt pour un masque capillaire exfoliant.

Le raisin blanc ou noir :
Riche en antioxydants, stimule la croissance des cheveux et les rend plus forts, apaise les irritations du cuir chevelu et réduire les pellicules, hydrate les cheveux en profondeur, leur apportant

douceur et brillance et favorise la production de kératine, ce qui renforce la fibre capillaire.

Utilisation : Bénéfique pour les cheveux fins et gras.

Masque capillaire nourrissant au raisin :

Écrasez une tasse de raisins (blancs ou noirs) et mélangez-les avec une cuillère à soupe de miel et une cuillère à soupe d'huile d'olive.
Appliquez le masque sur vos cheveux et votre cuir chevelu, en massant doucement.
Laissez agir pendant 30 minutes, puis rincez abondamment.
Ce masque hydrate, nourrit et renforce les cheveux.

Rinçage au jus de raisin :

Après votre shampoing, utilisez du jus de raisin frais comme rinçage final.
Laissez agir quelques minutes, puis rincez à l'eau froide.
Ce rinçage apporte brillance et douceur aux cheveux.

Spray tonique au raisin :

Mélanger du jus de raisin avec de l'eau de rose dans un vaporisateur.
Vaporiser sur les cheveux pour rafraîchir le cuir chevelu et apporter de la brillance.

Voici quelques exemples de Légumes :

Aloe vera :
Hydratant et apaisant, il calme les irritations du cuir chevelu et favorise la croissance des cheveux.

<u>Utilisation :</u> Gel d'aloe vera pur comme après-shampoing ou mélangé à du savon de Castille liquide pour un shampoing doux.

Concombre :
Rafraîchissant et hydratant, il apaise le cuir chevelu et apporte de la brillance aux cheveux.

<u>Utilisation :</u> Jus de concombre mélangé à du gel d'aloe vera comme après-shampoing léger.

Carotte :
Riche en bêta-carotène, elle renforce les cheveux, leur apporte de la brillance et favorise leur croissance.

<u>Utilisation :</u> Jus de carotte mélangé à de l'huile de coco pour un masque capillaire fortifiant.

Melon :
Sa teneur élevée en eau hydrate en profondeur le cuir chevelu et les cheveux.
Il contient des vitamines B qui favorisent la croissance des cheveux.
Les antioxydants présents dans le melon aident à protéger les cheveux contre les dommages environnementaux.

Utilisation : Masque capillaire nourrissant au melon : **Mélangez une demi-tasse de melon avec une cuillère à soupe de miel et une cuillère à soupe d'huile de coco. Appliquez le mélange sur** vos cheveux et votre cuir chevelu. Laissez agir pendant 30 minutes, puis rincez abondamment.

Pastèque :

Riche en citrulline, un acide aminé qui améliore la circulation sanguine vers le cuir chevelu.
Sa teneur élevée en eau hydrate en profondeur les cheveux et le cuir chevelu.
La pastèque est remplie de vitamine C, favorisant ainsi la santé des cheveux.

Utilisation : Masque capillaire hydratant à la pastèque : **Mixez une tasse de pastèque sans pépins jusqu'à obtenir une purée lisse. Appliquez la purée sur vos cheveux et votre cuir chevelu, en massant doucement. Laissez agir pendant 20-30 minutes, puis rincez abondamment.**

La tomate :

Régulation du pH : La tomate est naturellement acide, ce qui peut aider à équilibrer le pH du cuir chevelu.

Élimination des résidus : Elle peut aider à éliminer les résidus de produits capillaires et l'excès de sébum.
Brillance : La tomate peut apporter de la brillance aux cheveux ternes.

Antioxydants : Elle est riche en antioxydants, qui protègent les cheveux des dommages environnementaux.

Lutte contre les pellicules : Elle pourrait aider à lutter contre les pellicules grâce à ses propriétés antifongiques.

Recettes :

Shampoing clarifiant à la tomate :

Ingrédients : 1 tomate mûre
2 cuillères à soupe de jus de citron

Préparation : Mixez la tomate jusqu'à obtenir une purée lisse. Mélangez avec le jus de citron. Appliquez sur les cheveux mouillés, massez le cuir chevelu et rincez abondamment.

Bienfaits : Clarifie le cuir chevelu, élimine l'excès de sébum, apporte de la brillance.

Après-shampoing brillance à la tomate :

Ingrédients : 120 ml de jus de tomate
1 cuillère à soupe d'huile d'olive

Préparation : Mélangez le jus de tomate et l'huile d'olive. Appliquez sur les longueurs après le shampoing, laissez agir 5 minutes, puis rincez.

Bienfaits : Apporte de la brillance, adoucit les cheveux.

Masque capillaire hydratant à la tomate, avocat et huile d'olive :

Ingrédients : 1 tomate mûre
1/2 avocat mûr

1 cuillère à soupe d'huile d'olive.

Préparation : Mixer tous les ingrédients jusqu'à obtenir une texture lisse. Appliquer sur l'ensemble de la chevelure, laisser agir 15 à 20 minutes puis rincer.

Bienfaits : Hydrate en profondeur, adoucit, répare les cheveux abîmés.

Conseils importants :

Utilisez des tomates mûres et biologiques de préférence.
Faites un test cutané avant d'appliquer ces recettes, surtout si vous avez le cuir chevelu sensible.
Rincez abondamment vos cheveux après l'application pour éliminer tous les résidus de tomate.
L'odeur de la tomate peut persister après le soin, un shampoing doux peut être nécessaire.
En intégrant la tomate à votre routine capillaire, vous pouvez profiter de ses nombreux bienfaits pour des cheveux sains et éclatants.
La tomate ne colore pas les cheveux de manière permanente, mais elle peut influencer leur couleur de façon subtile et temporaire. Voici comment :

Reflets légers : La tomate contient du lycopène, un pigment

rouge. Celui-ci peut donner de légers reflets rouges ou cuivrés, surtout sur les cheveux clairs (blonds, châtain clair).
Ces reflets sont généralement temporaires et disparaissent après quelques lavages.

Neutralisation des teintes vertes : Le ketchup, à base de tomates, est parfois utilisé pour neutraliser les reflets verts qui peuvent apparaître sur les cheveux blonds après une exposition au chlore.
L'acidité de la tomate aide à rétablir l'équilibre de la couleur.

Pas une coloration permanente : La tomate ne contient pas de pigments colorants suffisamment puissants pour modifier la couleur des cheveux de façon permanente.

Elle ne peut donc pas remplacer une teinture capillaire classique.

Amélioration de la brillance : La tomate peut apporter de la brillance aux cheveux, ce qui peut donner l'illusion d'une couleur plus intense.
En résumé, la tomate peut apporter de légers reflets ou neutraliser des teintes indésirables, mais elle ne colore pas les cheveux de façon permanente.

Conseils généraux :

Utilisez des fruits et légumes frais et biologiques de préférence.
Mixez les ingrédients jusqu'à obtenir une consistance lisse pour faciliter l'application.
Faites un test cutané avant d'appliquer les produits sur l'ensemble de votre cuir chevelu.
Rincez abondamment vos cheveux après l'application.

Les shampoings naturels

Shampoing à la banane et au yaourt (pour cheveux secs) :

Ingrédients : 1 banane mûre, 120 ml de yaourt nature, 1 cuillère à soupe de miel.

Préparation : Mixez tous les ingrédients jusqu'à obtenir une consistance lisse. Appliquez sur cheveux mouillés, massez et rincez abondamment.

Bienfaits : Nourrit et hydrate les cheveux secs, apporte de la brillance.

Shampoing à l'aloe vera et au citron (pour cheveux gras) :

Ingrédients : 60 ml de gel d'aloe vera, 2 cuillères à soupe de jus de citron frais, 60 ml d'eau.

Préparation : Mélangez les ingrédients. Appliquez sur cheveux mouillés, massez le cuir chevelu et rincez.

Bienfaits : Purifie le cuir chevelu, élimine l'excès de sébum, rafraîchit.

Shampoing à l'avocat et à l'œuf (pour cheveux abîmés) :

Ingrédients : 1/2 avocat mûr, 1 œuf, 1 cuillère à soupe d'huile d'olive.

Préparation : Mélanger les ingrédients jusqu'à obtenir une consistance lisse. Appliquer et laisser agir 5 minutes avant de rincer.

Bienfaits : Répare les cheveux abîmés, apporte de l'hydratation et de la force.

Shampoing à la farine de pois chiches (pour tous types de cheveux) :

Ingrédients : 2-3 cuillères à soupe de farine de pois chiches, eau tiède.

Préparation : Mélangez la farine avec de l'eau tiède jusqu'à obtenir une pâte lisse. Appliquez sur cheveux mouillés, massez et rincez abondamment.

Bienfaits : Nettoie en douceur, absorbe l'excès de sébum, apporte du volume.

Shampoing au bicarbonate de soude (pour cheveux gras et clarifier) :

Ingrédients : 1 cuillère à soupe de bicarbonate de soude, 240 ml d'eau tiède.

Préparation : Dissolvez le bicarbonate de soude dans l'eau. Appliquez sur cheveux mouillés, massez le cuir chevelu et rincez. Utilisez cette solution avec parcimonie, car elle peut être asséchante.

Bienfaits : Clarifie le cuir chevelu, élimine les résidus de produits.

Shampoing à l'argile de rhassoul (pour cheveux gras ou normaux) :

Ingrédients : 3 cuillères à soupe d'argile de rhassoul, eau tiède.

Préparation : Mélangez l'argile avec de l'eau tiède jusqu'à obtenir une pâte lisse. Appliquez sur cheveux mouillés, massez et rincez.

Bienfaits : Nettoie en profondeur, absorbe l'excès de sébum, fortifie les cheveux.

Shampoing sec à la farine de maïs et cacao (pour cheveux foncés) :

Ingrédients : 2 cuillères à soupe de farine de maïs, 1 cuillère à soupe de cacao en poudre (non sucré).

Préparation : Mélangez les ingrédients. Appliquez sur les racines en massant, laissez agir quelques minutes, puis brossez pour éliminer l'excédent.

Bienfaits : Absorbe l'excès de sébum, rafraîchit les cheveux entre les lavages.

Shampoing au shikakai (pour tous types de cheveux) :

Ingrédients : 2-3 cuillères à soupe de poudre de shikakai, eau tiède.

Préparation : Mélangez la poudre avec de l'eau tiède pour former une pâte. Appliquez sur cheveux mouillés, massez et rincez.

Bienfaits : Nettoie en douceur, renforce les cheveux, apporte de la brillance.

Shampoing à la noix de coco et au miel (pour cheveux très secs) :

Ingrédients : 3 cuillères à soupe de lait de coco, 1 cuillère à soupe de miel.

Préparation : Mélanger les ingrédients, appliquer sur les cheveux mouillés, masser et rincer.

Bienfaits : Hydrate en profondeur les cheveux très secs.

Après-shampoings naturels

Après-shampoing à la purée de fraises et huile de coco (pour la brillance) :

Ingrédients : 120 ml de fraises mûres, 2 cuillères à soupe d'huile de coco fondue.

Préparation : Mixez les fraises, puis mélangez-les avec l'huile de coco. Appliquez sur les longueurs après le shampoing, laissez agir 5-10 minutes, puis rincez.

Bienfaits : Apporte de la brillance, adoucit les cheveux.

Après-shampoing au concombre et aloe vera (pour cheveux hydratés) :

Ingrédients : 1/2 concombre, 60 ml de gel d'aloe vera.

Préparation : Mixez le concombre, puis mélangez-le avec le gel d'aloe vera. Appliquez sur les longueurs après le shampoing, laissez agir 5 minutes, puis rincez.

Bienfaits : Hydrate, rafraîchit, apaise le cuir chevelu.

Après-shampoing à la carotte et huile d'olive (pour cheveux forts) :

Ingrédients : 60ml de jus de carotte, 2 cuillères à soupe d'huile d'olive.

Préparation : Mélangez les ingrédients. Appliquez sur les longueurs après le shampoing, laissez agir 5-10 minutes, puis rincez.

Bienfaits : Renforce les cheveux, favorise la croissance.

Après-shampoing au thé vert (pour tous types de cheveux) :

Ingrédients : 240ml de thé vert infusé et refroidi, quelques gouttes d'huile essentielle de votre choix (facultatif).

Préparation : Après le shampoing, versez le thé vert sur vos cheveux. Laissez agir quelques minutes, puis rincez légèrement.

Bienfaits : Apporte de la brillance, stimule la croissance, protège les cheveux.

Après-shampoing au vinaigre de riz (pour cheveux brillants) :

Ingrédients : 60 ml de vinaigre de riz, 180 ml d'eau.

Préparation : Mélangez le vinaigre de riz avec l'eau. Après le shampoing, appliquez sur les longueurs, laissez agir quelques minutes, puis rincez.

Bienfaits : Apporte de la brillance, équilibre le pH, démêle.

Après-shampoing à la compote de pommes (pour cheveux doux) :

Ingrédients : 120 ml de compote de pommes non sucrée.

Préparation : Après le shampoing, appliquez la compote sur les longueurs. Laissez agir 10-15 minutes, puis rincez abondamment.

Bienfaits : Adoucit les cheveux, apporte de l'hydratation.

Après-shampoing à la purée de mangue (pour cheveux doux et parfumés) :

Ingrédients : 1/2 mangue mûre, 1 cuillère à soupe d'huile d'amande douce.

Préparation : Mixez la mangue, puis mélangez avec l'huile d'amande douce. Appliquez sur les longueurs après le shampoing, laissez agir 5-10 minutes, puis rincez.

Bienfaits : Adoucit, parfume délicatement, nourrit.

Après-shampoing au gel de graines de lin (pour cheveux bouclés et frisés) :

Ingrédients : 2 cuillères à soupe de graines de lin, 1 tasse d'eau.

Préparation : Faites bouillir les graines de lin dans l'eau jusqu'à obtenir un gel. Filtrez et laissez refroidir. Appliquez sur les longueurs après le shampoing, laissez agir quelques minutes, puis rincez.

Bienfaits : Définit les boucles, apporte de l'hydratation, réduit les frisottis.

Après-shampoing au vinaigre de framboise (pour cheveux colorés) :

Ingrédients : 60 ml de vinaigre de framboise, 180 ml d'eau.

Préparation : Mélanger les ingrédients, appliquer après le shampoing, laisser agir 2-3 minutes puis rincer.

Bienfaits : Ravive la couleur, apporte de la brillance, équilibre le Ph.

Lotion tonique après-shampoing

Ingrédients : 60 ml de jus de pastèque, 60 ml de jus de melon, le jus d'une demi-orange

Préparation : Mélangez tous les jus de fruits. Après votre shampoing et votre après-shampoing, versez lentement la lotion sur vos cheveux, en veillant à ce qu'elle atteigne le cuir chevelu. Massez doucement pendant quelques minutes, puis rincez légèrement ou laissez agir (selon votre préférence).

Bienfaits : Rafraîchit le cuir chevelu et donne de la brillance aux cheveux.

Masque revitalisant 3 en 1

Ingrédients : 120 ml de pastèque sans pépins, 1/4 de melon mûr, le jus d'une orange, 1 cuillère à soupe de miel (optionnel)

Préparation : Mixez la pastèque et le melon jusqu'à obtenir une purée lisse. Ajoutez le jus d'orange et le miel (si vous l'utilisez) et mélangez bien. Appliquez le masque sur vos cheveux et votre cuir chevelu, en massant doucement. Laissez agir pendant 20-30 minutes, puis rincez abondamment à l'eau tiède.

Bienfaits : Hydrate, nourrit et donne de l'éclat aux cheveux.

Spray rafraîchissant pour cheveux

Ingrédients : 120 ml d'eau de coco, 60 ml de jus de pastèque, le zeste d'une orange

Préparation : Mélangez l'eau de coco, le jus de pastèque et le zeste d'orange dans un vaporisateur. Vaporisez légèrement sur vos cheveux pour les hydrater et les rafraîchir, surtout par temps chaud.

Bienfaits : Idéal pour les cheveux secs et abîmés.

Conseils supplémentaires :

Pour une meilleure conservation, préparez ces recettes au moment de l'utilisation.
La qualité des ingrédients est primordiale pour des résultats optimaux : utilisez des fruits et légumes frais et mûrs.
Adaptez les quantités en fonction de la longueur de vos cheveux.
Adaptez les recettes en fonction des besoins spécifiques de vos cheveux.
Rincez toujours abondamment à l'eau tiède ou froide. Les rinçages à l'eau froide aident à sceller les cuticules et à apporter de la brillance.
Faites un test d'allergie avant toutes utilisations.
Si vous avez les cheveux colorés, renseignez-vous bien sur les ingrédients que vous utilisez, car certains peuvent altérer la couleur.
L'ajout d'huiles essentielles peut renforcer les effets des shampoings et après-shampoings (lavande pour la détente, romarin pour la croissance, etc.).
N'hésitez pas à expérimenter avec différents ingrédients pour trouver les recettes qui conviennent le mieux à vos cheveux.
Soyez régulier dans l'application de ces soins pour constater des améliorations. N'oubliez pas que ces recettes sont naturelles et peuvent prendre un peu de temps pour montrer des résultats visibles. Soyez patient et profitez des bienfaits de ces fruits et légumes pour des cheveux sains et éclatants.

Chapitre 12 : Les feuilles

Les feuilles d'olivier

1. Infusion ou décoction :

<u>Préparation</u> : Faites bouillir des feuilles d'olivier dans de l'eau pendant environ 15-20 minutes. Laissez refroidir et filtrez.

<u>Utilisation</u> : Utilisez cette infusion comme eau de rinçage après votre shampoing habituel. Elle peut aider à renforcer les cheveux, leur donner de la brillance et apaiser le cuir chevelu.

2. Poudre de feuilles d'olivier :

<u>Préparation</u> : Séchez les feuilles d'olivier et réduisez-les en poudre fine.

<u>Utilisation</u> : Mélangez cette poudre avec votre shampoing habituel ou avec d'autres ingrédients naturels comme l'argile ou les poudres de plantes pour créer un shampoing sec ou un masque capillaire.

3. Bienfaits potentiels des feuilles d'olivier pour les cheveux :

Antioxydants : Les feuilles d'olivier sont riches en antioxydants, qui peuvent aider à protéger les cheveux des dommages causés par les radicaux libres.

Hydratation : Elles peuvent aider à hydrater les cheveux et le cuir chevelu.

Apaisement : Elles peuvent avoir des propriétés apaisantes pour le cuir chevelu irrité.

Renforcement : Elles peuvent contribuer à renforcer les cheveux et à prévenir la casse.

4. Précautions :

Comme pour tout produit naturel, il est recommandé de faire un test de sensibilité cutanée, surtout si vous avez la peau sensible. Les résultats peuvent varier d'une personne à l'autre.

Recettes :

Shampoing fortifiant aux feuilles d'olivier

Ingrédients : 60 ml de savon de Castille liquide
60 ml d'infusion concentrée de feuilles d'olivier (préparée en faisant bouillir 240ml d'eau avec une poignée de feuilles d'olivier pendant 20 minutes, puis filtrée)
1 cuillère à soupe de gel d'aloe vera (hydratant et apaisant)
5 gouttes d'huile essentielle de romarin (stimule la croissance des cheveux)

Préparation : Mélangez tous les ingrédients dans un flacon.
Secouez bien avant chaque utilisation.
Appliquez sur cheveux mouillés, massez doucement et rincez abondamment.

Bienfaits : Les feuilles d'olivier renforcent les cheveux et protègent le cuir chevelu.
Le gel d'aloe vera hydrate et apaise. L'huile essentielle de romarin stimule la croissance des cheveux.

Après-shampoing démêlant aux feuilles d'olivier

Ingrédients : 60ml de vinaigre de cidre de pomme
180 ml d'infusion légère de feuilles d'olivier (préparée en faisant bouillir 240 ml d'eau avec quelques feuilles d'olivier pendant 10 minutes, puis filtrée)
1 cuillère à soupe d'huile d'olive (nourrissante et démêlante)

Préparation : Mélangez tous les ingrédients dans un flacon.
Après le shampoing, appliquez le mélange sur les longueurs.
Laissez agir quelques minutes, puis rincez à l'eau froide.

Bienfaits : Le vinaigre de cidre de pomme démêle et apporte de la brillance.
L'infusion de feuilles d'olivier adoucit les cheveux.
L'huile d'olive nourrit en profondeur.

Conseils supplémentaires :

Utilisez des feuilles d'olivier fraîches ou séchées de bonne qualité.
Ajustez les quantités d'ingrédients en fonction de vos besoins.
Conservez les produits au réfrigérateur et utilisez-les rapidement.
Faites un test cutané avant la première utilisation.

Shampoing hydratant aux feuilles d'olivier et à l'aloès (cheveux normaux à secs) :

Ingrédients : 60 ml de savon de Castille liquide
60 ml d'infusion concentrée de feuilles d'olivier
2 cuillères à soupe de gel d'aloès vera
5 gouttes d'huile essentielle de lavande (pour la détente et la brillance)

Préparation : Mélangez tous les ingrédients. Appliquez sur cheveux mouillés, massez et rincez.

Bienfaits : Hydrate les cheveux et apaise le cuir chevelu.

Après-shampoing démêlant aux feuilles d'olivier et à l'huile d'olive :

Ingrédients : 60 ml d'infusion légère de feuilles d'olivier
1 cuillère à soupe d'huile d'olive extra vierge
1 cuillère à soupe de vinaigre de cidre de pomme.

Préparation : Mélangez. Appliquez après le shampoing, laissez agir 2-3 minutes, puis rincez.

Bienfaits : Démêle, adoucit et nourrit les cheveux.

Shampoing purifiant aux feuilles d'olivier et au citron (cheveux gras) :

Ingrédients : 60 ml de savon de Castille liquide

60 ml d'infusion concentrée de feuilles d'olivier
2 cuillères à soupe de jus de citron frais
5 gouttes d'huile essentielle d'arbre à thé (Tea tree)

Préparation : Mélangez. Appliquez sur cheveux mouillés, massez et rincez.

Bienfaits : Régule l'excès de sébum et purifie le cuir chevelu.

Après-shampoing équilibrant aux feuilles d'olivier et au vinaigre de cidre :

Ingrédients : 60 ml de vinaigre de cidre de pomme
180 ml d'infusion légère de feuilles d'olivier

Préparation : Mélangez. Appliquez après le shampoing, laissez agir 1-2 minutes, puis rincez.

Bienfaits : Rétablit l'équilibre du pH du cuir chevelu et apporte de la brillance.

Shampoing fortifiant aux feuilles d'olivier et au romarin (cheveux fins et fragiles) :

Ingrédients : 60 ml de savon de Castille liquide
60 ml d'infusion concentrée de feuilles d'olivier
10 gouttes d'huile essentielle de romarin.

Préparation : Mélangez. Appliquez sur cheveux mouillés, massez et rincez.

Bienfaits : Renforce les cheveux et stimule la croissance.

Après-shampoing léger aux feuilles d'olivier et à l'aloé :

Ingrédients : 120 ml d'infusion légère de feuilles d'olivier refroidie.
2 cuillères à soupe de gel d'aloé vera.

Préparation : Mélangez les ingrédients. Appliquez sur les cheveux après le shampoing, laisser agir 2 à 3
 minutes puis rincer.

Bienfaits : N'alourdit pas les cheveux, apporte de l'hydratation et de la douceur.

Conseils importants :

Utilisez des feuilles d'olivier de qualité, de préférence biologiques.
Préparez les infusions de feuilles d'olivier en faisant bouillir les feuilles dans de l'eau pendant 10-20 minutes, puis en filtrant.
Faites toujours un test de sensibilité cutanée avant d'utiliser de nouveaux produits naturels.
Conservez les produits faits maison au réfrigérateur.

Les feuilles d'olivier ne colorent pas les cheveux de manière significative, comme le ferait une teinture capillaire classique. Cependant, elles peuvent apporter de légers reflets ou nuances, surtout sur les cheveux clairs. Voici quelques points importants à considérer :

Reflets subtils :
Les feuilles d'olivier peuvent donner des reflets légèrement dorés ou cuivrés, en particulier après une utilisation régulière.
Ces reflets sont plus visibles sur les cheveux blonds, châtain clair ou gris.

Pas une teinture permanente :
Contrairement aux teintures chimiques ou végétales (comme le henné), les feuilles d'olivier ne modifient pas la couleur des cheveux de façon permanente.
Les éventuels reflets disparaissent après quelques lavages.

Propriétés antioxydantes :
Les feuilles d'olivier sont riches en antioxydants, qui peuvent contribuer à protéger la couleur naturelle des cheveux contre les agressions extérieures (soleil, pollution, etc.).
Cela peut aider à prévenir le ternissement et le jaunissement des cheveux clairs.

Utilisation en soin capillaire :
Les feuilles d'olivier sont principalement utilisées pour leurs bienfaits sur la santé des cheveux (renforcement, hydratation, etc.).
Leurs éventuels effets colorants sont secondaires et très légers.

En résumé, vous pouvez utiliser des feuilles d'olivier en toute sécurité dans vos soins capillaires sans craindre de changements radicaux de couleur. Elles peuvent même apporter de subtils reflets et protéger votre couleur naturelle.

Les feuilles de bambou

Les feuilles de bambou sont de plus en plus utilisées dans les soins capillaires en raison de leurs nombreux bienfaits. Voici comment vous pouvez les utiliser pour faire des shampoings et des après-shampoings, ainsi que les avantages qu'elles offrent :

Bienfaits des feuilles de bambou pour les cheveux :

Riches en silice : la silice est un minéral essentiel pour la santé des cheveux. Elle renforce les follicules pileux, favorise la croissance des cheveux et leur donne de la brillance.

Hydratation : les feuilles de bambou aident à retenir l'humidité, ce qui est bénéfique pour les cheveux secs et abîmés.

Renforcement : elles renforcent la fibre capillaire, réduisant ainsi la casse et les pointes fourchues.

Apaisement du cuir chevelu : les propriétés apaisantes des feuilles de bambou peuvent aider à calmer les irritations du cuir chevelu.

Volume : elles peuvent donner du volume aux cheveux fins et plats.

Recettes :

Shampoing fortifiant au bambou :

Ingrédients : 60 ml de savon de Castille liquide
60 ml d'infusion concentrée de feuilles de bambou (préparée en faisant bouillir des feuilles de bambou dans de l'eau pendant 20 minutes)
1 cuillère à soupe de gel d'aloe vera
5 gouttes d'huile essentielle de romarin

Préparation : Mélangez tous les ingrédients. Appliquez sur cheveux mouillés, massez et rincez.

Bienfaits : Fortifie les cheveux et stimule la croissance.

Après-shampoing hydratant au bambou :

Ingrédients : 60 ml d'infusion légère de feuilles de bambou
1 cuillère à soupe d'huile de coco
1 cuillère a soupe de vinaigre de cidre de pomme.

Préparation : Mélangez les ingrédients. Appliquez après le shampoing, laissez agir quelques minutes, puis rincez.

Bienfaits : Hydrate et démêle les cheveux.

Conseils supplémentaires :

Vous pouvez utiliser des feuilles de bambou fraîches ou séchées.
Assurez-vous de cueillir les feuilles de bambou dans un endroit propre, loin des pesticides.
Faites un test de sensibilité cutanée avant d'utiliser ces recettes.

En général, les feuilles de bambou ne colorent pas les cheveux de manière significative. Cependant, il est important de noter quelques points :

Pas une coloration directe :
Les feuilles de bambou ne contiennent pas de pigments colorants forts comme ceux trouvés dans les teintures capillaires traditionnelles.
Elles ne vont donc pas changer radicalement la couleur de vos cheveux.

Possibles reflets subtils :
En raison de leurs propriétés et de leur composition, les feuilles de bambou pourraient potentiellement apporter de très légers reflets, particulièrement sur les cheveux clairs. Ces reflets seraient probablement très discrets et pourraient varier en fonction de la concentration de l'infusion et de la fréquence d'utilisation.

Bienfaits pour la santé des cheveux :
L'utilisation principale des feuilles de bambou dans les soins capillaires est axée sur leurs bienfaits pour la santé des cheveux, tels que le renforcement, l'hydratation et la brillance. Les éventuels effets colorants sont considérés comme secondaires.

En conclusion, vous pouvez utiliser des produits capillaires à base de feuilles de bambou sans craindre de changements de couleur importants. Leurs bienfaits pour la santé des cheveux sont les raisons principales de leur utilisation.

La feuille de vigne

La feuille de vigne peut être utilisée dans les soins capillaires pour apporter brillance et force aux cheveux.

Bienfaits des feuilles de vigne pour les cheveux :

Antioxydants : protègent les cheveux des dommages causés par les radicaux libres et les agressions extérieures.

Renforcement : contribuent à renforcer la fibre capillaire et à prévenir la casse.

Brillance : apportent de l'éclat aux cheveux ternes.

Apaisement : peuvent aider à calmer les irritations du cuir chevelu.

Recettes :

Shampoing fortifiant aux feuilles de vigne :

Ingrédients : 60 ml de savon de Castille liquide
60 ml d'infusion concentrée de feuilles de vigne (préparée en faisant bouillir des feuilles de vigne dans de l'eau pendant 20 minutes)
1 cuillère à soupe de gel d'aloé vera
5 gouttes d'huile essentielle de romarin

Préparation : Mélangez tous les ingrédients. Appliquez sur cheveux mouillés, massez et rincez.

Bienfaits : Renforce les cheveux et stimule la croissance.

Shampoing à la farine de pois chiches et feuilles de vigne :

Ingrédients : 3 cuillères à soupe de farine de pois chiches
60 ml d'infusion concentrée de feuilles de vigne
Eau tiède

Préparation : Mélangez la farine de pois chiches avec l'infusion de feuilles de vigne et ajoutez de l'eau tiède pour obtenir une pâte lisse. Appliquez sur cheveux mouillés, massez et rincez abondamment.

Bienfaits : Nettoie en douceur, renforce les cheveux, apporte de la brillance.

Shampoing à l'argile de rhassoul et feuilles de vigne :

Ingrédients : 3 cuillères à soupe d'argile de rhassoul
60 ml d'infusion concentrée de feuilles de vigne
Eau tiède

Préparation : Mélangez l'argile de rhassoul avec l'infusion de feuilles de vigne et ajoutez de l'eau tiède pour obtenir une pâte lisse. Appliquez sur cheveux mouillés, massez et rincez.

Bienfaits : Nettoie en profondeur, absorbe l'excès de sébum, fortifie les cheveux.

Après-shampoing brillance aux feuilles de vigne :

Ingrédients : 60 ml d'infusion légère de feuilles de vigne
1 cuillère à soupe de vinaigre de cidre de pomme
1 cuillère à soupe d'huile d'olive.

Préparation : Mélangez les ingrédients. Appliquez après le shampoing, laissez agir quelques minutes, puis rincez.

Bienfaits : Démêle et apporte de la brillance aux cheveux.

Après-shampoing démêlant aux feuilles de vigne et vinaigre de riz :

Ingrédients : 60 ml d'infusion légère de feuilles de vigne
2 cuillères à soupe de vinaigre de riz
quelques gouttes d'huile essentielle de lavande.

Préparation : Mélangez l'infusion de feuilles de vigne et le vinaigre de riz. Appliquez sur les longueurs après le shampoing, laissez agir quelques minutes, puis rincez.

Bienfaits : Démêle, apporte de la brillance, équilibre le Ph.

Après-shampoing hydratant aux feuilles de vigne et aloe vera :

Ingrédients : 120 ml d'infusion légère de feuilles de vigne refroidie.
3 cuillères à soupe de gel d'aloe vera.

Préparation : Mélangez les ingrédients. Appliquez sur les cheveux après le shampoing, laisser agir 2 à 3 minutes puis rincer.

Bienfaits : N'alourdit pas les cheveux, apporte de l'hydratation et de la douceur.

Conseils supplémentaires :

Assurez-vous d'utiliser des feuilles de vigne de qualité, de préférence biologiques.
Utilisez des feuilles de vigne fraîches ou séchées de bonne qualité.
Préparez l'infusion de feuilles de vigne en faisant bouillir les feuilles dans de l'eau pendant 10 à 20 minutes, puis en filtrant.
Faites toujours un test de sensibilité cutanée avant d'utiliser de nouveaux produits naturels.
Conservez les produits faits maison au réfrigérateur et utilisez-les rapidement.

Extra :

La lavande

La lavande est réputée pour ses propriétés apaisantes et régénérantes, ce qui en fait un excellent ingrédient pour les soins capillaires.

Bienfaits de la lavande pour les cheveux :

Apaisante : calme les irritations du cuir chevelu et réduit les pellicules.

Stimulante : favorise la croissance des cheveux en améliorant la circulation sanguine du cuir chevelu.

Équilibrante : régule la production de sébum, ce qui convient aux cheveux gras ou secs.

Parfum relaxant : laisse une odeur agréable et apaisante sur les cheveux.

Recettes :

Shampoing à la farine de pois chiches et lavande :

Ingrédients : 3 cuillères à soupe de farine de pois chiches, 60 ml d'infusion de lavande (préparée en faisant infuser des fleurs de lavande séchées dans de l'eau chaude pendant 15 minutes), eau tiède.

Préparation : Mélangez la farine de pois chiches avec l'infusion de lavande et ajoutez de l'eau tiède pour obtenir une pâte lisse. Appliquez sur cheveux mouillés, massez et rincez abondamment.

Bienfaits : Nettoie en douceur, apaise le cuir chevelu, apporte du volume.

Shampoing à l'argile de rhassoul et lavande :

Ingrédients : 3 cuillères à soupe d'argile de rhassoul, 60 ml d'infusion de lavande, eau tiède.

Préparation : Mélangez l'argile de rhassoul avec l'infusion de lavande et ajoutez de l'eau tiède pour obtenir une pâte lisse. Appliquez sur cheveux mouillés, massez et rincez.

Bienfaits : Nettoie en profondeur, absorbe l'excès de sébum, apaise les irritations.

Après-shampoing démêlant à la lavande et vinaigre de cidre :

Ingrédients : 60 ml d'infusion de lavande refroidie, 2 cuillères à soupe de vinaigre de cidre de pomme.

Préparation : Mélangez l'infusion de lavande et le vinaigre de cidre. Appliquez sur les longueurs après le shampoing, laissez agir quelques minutes, puis rincez.

Bienfaits : Démêle, apporte de la brillance, équilibre le Ph.

Après-shampoing hydratant à la lavande et gel d'aloe vera :

Ingrédients : 120 ml d'infusion de lavande refroidie, 3 cuillères à soupe de gel d'aloe vera.

Préparation : Mélangez les ingrédients, appliquer sur les cheveux mouillés, laisser agir 2 a 3 minutes, puis rincez.

Bienfaits : Hydrate en profondeur, apaise le cuir chevelu.

Conseils supplémentaires :

Utilisez des fleurs de lavande séchées de qualité, de préférence biologiques.
Vous pouvez ajouter quelques gouttes d'huile essentielle de lavande à vos préparations pour intensifier le parfum et les bienfaits.
Faites toujours un test de sensibilité cutanée avant d'utiliser de nouveaux produits naturels.

Les fleurs de pissenlit

Bienfaits potentiels des fleurs de pissenlit pour les cheveux :

Riches en antioxydants : les fleurs de pissenlit contiennent des antioxydants qui peuvent aider à protéger les cheveux des dommages environnementaux.

Propriétés apaisantes : elles peuvent aider à apaiser le cuir chevelu irrité ou sensible.

Apport de brillance : elles peuvent contribuer à donner de la brillance aux cheveux.

Fortifiant : elles peuvent aider a fortifier les cheveux.

Recettes :

Infusion de fleurs de pissenlit :
Faites infuser une poignée de fleurs de pissenlit fraîches ou séchées dans de l'eau chaude pendant 20-30 minutes.
Filtrez l'infusion et utilisez-la comme eau de rinçage après votre shampoing habituel.
Cela peut aider à apporter de la brillance et à apaiser le cuir chevelu.

Shampoing doux aux fleurs de pissenlit :
Mélangez 60 ml de savon de Castille liquide avec 60 ml d'infusion de fleurs de pissenlit refroidie.
Ajoutez 1 cuillère à soupe de gel d'aloe vera pour l'hydratation.
Utilisez ce mélange comme un shampoing doux et naturel.

Après-shampoing démêlant aux fleurs de pissenlit :
Mélangez 60 ml de vinaigre de cidre de pomme avec 180 ml d'infusion de fleurs de pissenlit refroidie.
Utilisez ce mélange comme après-shampoing après votre shampoing.
Laissez agir quelques minutes, puis rincez abondamment.

Précautions :

Assurez-vous de cueillir les fleurs de pissenlit dans un endroit propre, loin des pesticides et de la pollution.
Comme pour tout produit naturel, faites un test de sensibilité cutanée avant d'utiliser ces recettes, surtout si vous avez la peau sensible.
Les résultats peuvent varier d'une personne à l'autre.

Les fleurs de pissenlit peuvent également être utilisées pour faire des huiles infusées, qui peuvent être ajoutées à vos soins capillaires.
Les fleurs de pissenlit ne sont pas connues pour colorer les cheveux de manière significative, comme le feraient des teintures capillaires traditionnelles. Cependant, elles peuvent apporter de légers reflets ou nuances, surtout sur les cheveux clairs.

Voici ce qu'il faut savoir :

Reflets subtils :

Les fleurs de pissenlit peuvent donner des reflets légèrement dorés ou jaunes, en particulier après une utilisation régulière.
Ces reflets sont plus visibles sur les cheveux blonds, châtain clair ou gris.

Pas une teinture permanente : contrairement aux teintures chimiques ou végétales (comme le henné), les fleurs de pissenlit ne modifient pas la couleur des cheveux de façon permanente.
Les éventuels reflets disparaissent après quelques lavages.

Utilisation en soin capillaire :

Les fleurs de pissenlit sont principalement utilisées pour leurs bienfaits sur la santé des cheveux (antioxydants, apaisement du cuir chevelu, brillance).
Leurs éventuels effets colorants sont secondaires et très légers.

En résumé, vous pouvez utiliser des fleurs de pissenlit en toute sécurité dans vos soins capillaires sans craindre de changements radicaux de couleur. Elles peuvent apporter de subtils reflets et améliorer l'éclat de vos cheveux.

Le mimosa

Bienfaits potentiels du mimosa pour les cheveux :

Parfum agréable : le mimosa apporte une fragrance florale douce et relaxante aux produits capillaires.

Propriétés apaisantes : il peut aider à calmer les irritations du cuir chevelu.

Hydratation : certaines espèces de mimosa contiennent des composés hydratants bénéfiques pour les cheveux secs.

Antioxydant : il peut aider a lutter contre les agressions extérieur.

Utilisation du mimosa dans les soins capillaires :

L'huile essentielle de mimosa peut être ajoutée à un shampoing neutre ou à un après-shampoing pour bénéficier de son parfum et de ses propriétés apaisantes.
Quelques gouttes suffisent, car l'huile essentielle de mimosa est très concentrée.

Infusion de fleurs de mimosa :

Une infusion de fleurs de mimosa peut être utilisée comme eau de rinçage après le shampoing pour apporter brillance et parfum aux cheveux.
Faites infuser des fleurs de mimosa séchées dans de l'eau chaude pendant 15-20 minutes, puis filtrez.

Recettes :

Gommage au mimosa :
Mélangez 2 cuillères à soupe de sucre brun, 2 cuillères à soupe d'huile d'amande douce et une poignée de mimosa frais. Mixez.
Utilisez en massant circulairement le cuir chevelu.

Shampoing parfumé au mimosa :
Mélangez 60 ml de savon de Castille liquide avec 10 gouttes d'huile essentielle de mimosa.
Ajoutez 1 cuillère à soupe de gel d'aloe vera pour l'hydratation.
Utilisez comme un shampoing doux.

Après-shampoing démêlant au mimosa :
Mélangez 60 ml d'infusion de fleurs de mimosa refroidie avec 1 cuillère à soupe de vinaigre de cidre de pomme.
Utilisez comme après-shampoing après le shampoing.
Laissez agir quelques minutes, puis rincez.

Précautions :
L'huile essentielle de mimosa peut être irritante pour les peaux sensibles. Faites un test cutané avant utilisation. Assurez-vous d'utiliser des fleurs de mimosa provenant de sources fiables et exemptes de pesticides. En résumé, le mimosa peut apporter des bienfaits intéressants aux soins capillaires, notamment en termes de parfum et d'apaisement du cuir chevelu.

L'arrow-root

L'arrow-root, une fécule extraite des racines de la plante Maranta arundinacea, est de plus en plus populaire dans les soins capillaires naturels. Voici ses principaux avantages pour les cheveux :

1. Absorption de l'excès de sébum
L'arrow-root est une poudre fine et légère qui absorbe efficacement l'excès de sébum produit par le cuir chevelu.
Cela en fait un ingrédient idéal pour les shampoings secs maison ou les poudres matifiantes pour les cheveux gras.

2. Douceur et légèreté
Contrairement à d'autres poudres comme le talc, l'arrow-root est très doux et ne dessèche pas les cheveux.
Il laisse les cheveux doux, soyeux et légers.

3. Apaisement du cuir chevelu
L'arrow-root possède des propriétés apaisantes qui peuvent calmer les irritations et les démangeaisons du cuir chevelu.
Il peut être bénéfique pour les personnes ayant un cuir chevelu sensible ou sujet aux pellicules.

4. Agent épaississant
L'arrow-root peut être utilisé comme agent épaississant dans les masques capillaires ou les après-shampoings maison.
Il apporte de la texture et du volume aux cheveux fins et plats.

5. Alternative naturelle au talc

L'arrow-root est une alternative naturelle et sans danger au talc, qui est souvent utilisé dans les produits capillaires.
Il est exempt de produits chimiques potentiellement nocifs.

Comment utiliser l'arrow-root pour les cheveux ?

Shampoing sec : mélangez de l'arrow-root avec du cacao en poudre (pour les cheveux bruns) ou de la cannelle (pour les cheveux roux) et appliquez sur les racines pour absorber l'excès de sébum.

Masque capillaire : mélangez de l'arrow-root avec de l'eau ou du gel d'aloe vera pour créer une pâte et appliquez sur les cheveux pour les hydrater et les adoucir.

Poudre matifiante : saupoudrez une petite quantité d'arrow-root sur les racines pour matifier les cheveux et leur donner du volume.

Ajout aux préparations cosmétiques : il peut aussi être utilisé en tant qu'ajout dans vos préparations de cosmétiques fait maison, afin d'épaissir les préparations, et d'apporter douceur à votre préparation.

Précautions

Bien que l'arrow-root soit généralement considéré comme sûr, il est toujours recommandé de faire un test cutané avant de l'utiliser pour la première fois. En cas de contact avec les yeux, rincer abondamment.

L'arrow-root et le gel d'aloe vera ont été ma routine capillaire de shampoing naturel pendant 3 ans et demi.

Vinaigre de cidre de pomme

Le vinaigre de cidre de pomme est un vinaigre obtenu par la fermentation du jus de pomme.

Bienfaits : équilibre le pH du cuir chevelu.
Referme les écailles des cheveux, ce qui les rend plus brillants et moins sujets aux frisottis.
Facilite le démêlage.

Utilisation : mélangez 1 à 2 cuillères à soupe de vinaigre de cidre de pomme dans 240 ml d'eau.
Appliquez sur les cheveux mouillés après le shampoing, en insistant sur les longueurs et les pointes.
Laissez agir quelques minutes, puis rincez abondamment à l'eau froide.

Précautions:

L'odeur peut être forte, mais elle s'estompe en séchant.
Diluez toujours le vinaigre de cidre de pomme avec de l'eau pour éviter d'irriter le cuir chevelu.

Le vinaigre de cidre de pomme mélangé à moitié avec de l'eau ont été mon après shampoing pendant 3 ans et demi. Bouteille en verre et eau du robinet : zéro plastique !

Chapitre B : Douceur botanique

La deuxième partie du livre est sur les recettes d'après-shampoings naturels à base de plantes et de fleurs, avec des informations détaillées et des conseils pratiques.

Chapitre B : Douceur botanique

Recettes d'après-shampoings naturels pour des cheveux soyeux

Les après-shampoings naturels tirent leur efficacité des propriétés exceptionnelles des plantes et des fleurs. Riches en composés hydratants, démêlants et protecteurs, elles offrent une alternative douce et respectueuse aux produits conventionnels. Ce chapitre explore les bienfaits de quelques trésors botaniques pour des cheveux souples, doux et faciles à coiffer.

Chapitre 1 : Les plantes et fleurs hydratantes et démêlantes

Aloe vera : hydratant, apaisant, démêlant.
Guimauve : adoucissante, démêlante, protectrice.
Fleurs de sureau : adoucissantes, illuminatrices, démêlantes.
Rose : hydratante, régénérante, parfum délicat.
Hibiscus : démêlant, fortifiant, apporte de la brillance.

1. Aloe vera (Aloe barbadensis) : l'hydratant apaisant et démêlant

Description : L'aloe vera est une plante succulente aux feuilles charnues, gorgées de gel transparent riche en vitamines, minéraux et polysaccharides.

Bienfaits : Hydrate en profondeur : le gel d'aloe vera pénètre la fibre capillaire, apportant une hydratation intense et durable.

Apaise le cuir chevelu : Il calme les irritations, les démangeaisons et les rougeurs.
Démêle les cheveux : Il facilite le démêlage, réduisant la casse et les nœuds.
Apporte de la brillance : Il rend les cheveux plus éclatants et plus sains.

Utilisation : Gel frais, jus d'aloe vera, poudre d'aloe vera.

2. Guimauve (Althaea officinalis) : l'adoucissante démêlante et protectrice

Description : La guimauve est une plante herbacée aux racines riches en mucilages, des substances adoucissantes et protectrices.

Bienfaits : Adoucit les cheveux : elle rend les cheveux plus souples, plus doux et plus agréables au toucher.
Démêle en douceur : elle facilite le démêlage, réduisant la casse et les nœuds.

Protège la fibre capillaire : elle forme un film protecteur autour des cheveux, les préservant des agressions extérieures.
Hydrate légèrement : elle apporte une hydratation légère et équilibrée.

Utilisation : Racines séchées, poudre de guimauve, infusion.

3. Fleurs de sureau (Sambucus nigra) : les adoucissantes illuminatrices et démêlantes

Description : Les fleurs de sureau sont de petites fleurs blanches au parfum délicat, riches en antioxydants et en composés adoucissants.

Bienfaits : Adoucissent les cheveux : elles rendent les cheveux plus souples, plus doux et plus faciles à coiffer.
Illuminent le teint : elles apportent de la brillance et de l'éclat aux cheveux ternes.
Démêlent en douceur : elles facilitent le démêlage, réduisant la casse et les nœuds.
Apaisent le cuir chevelu : elles calment les irritations et les démangeaisons.

Utilisation : Fleurs séchées, infusion, eau florale.

4. Rose (Rosa spp.) : l'hydratante régénérante et parfumée

Description : La rose est une fleur emblématique, réputée pour son parfum envoûtant et ses propriétés hydratantes, régénérantes et apaisantes.

Bienfaits : Hydrate en profondeur : l'eau de rose et l'huile de rose apportent une hydratation intense et durable.
Régénère la fibre capillaire : elles aident à réparer les cheveux abîmés et fragilisés.
Parfume délicatement : elles laissent un parfum subtil et agréable sur les cheveux.
Apaise le cuir chevelu : elles calment les irritations et les rougeurs.

Utilisation : Eau de rose, huile essentielle, pétales séchés.

5. Hibiscus (Hibiscus rosa-sinensis) : le démêlant fortifiant et éclatant

Description : L'hibiscus est une fleur tropicale aux couleurs vives, riche en antioxydants, en vitamines et en acides aminés.

Bienfaits : Démêle les cheveux : il facilite le démêlage, réduisant la casse et les nœuds.
Fortifie la fibre capillaire : il renforce les cheveux, les rendant plus résistants et moins cassants.
Apporte de la brillance : il redonne de l'éclat aux cheveux ternes et fatigués.
Ravive la couleur : il intensifie les reflets rouges et bruns.

Utilisation : Fleurs séchées, poudre d'hibiscus, infusion.

Chapitre 2 : Les Huiles Végétales et Beurres Végétaux : Nourrir en Profondeur

Les huiles et beurres végétaux sont des trésors de la nature, riches en acides gras essentiels, en vitamines et en antioxydants. Ils pénètrent la fibre capillaire en profondeur, nourrissant, réparant et protégeant les cheveux de la racine aux pointes. Ce chapitre explore les bienfaits de quelques huiles et beurres végétaux incontournables pour des cheveux souples, doux et éclatants.

1. **Huile de coco :** nourrissante, réparatrice, apporte de la brillance.
2. **Huile d'argan :** hydratante, fortifiante, protectrice.
3. **Huile de jojoba :** régulatrice de sébum, équilibrante, apporte de la brillance.
4. **Beurre de karité :** nourrissant, réparateur, protecteur.
5. **Beurre de cacao :** adoucissant, nourrissant, parfum gourmand.

1. Huile de coco (Cocos nucifera) : la nourrissante réparatrice et brillante

Description : L'huile de coco est extraite de la pulpe de la noix de coco. Elle est riche en acide laurique, un acide gras qui pénètre facilement la fibre capillaire.

Bienfaits : Nourrit en profondeur : elle apporte des nutriments essentiels aux cheveux secs, abîmés et fragilisés.

Répare les cheveux : elle aide à réparer les pointes fourchues et les cheveux cassants.
Apporte de la brillance : elle rend les cheveux plus éclatants et plus sains.
Protège les cheveux : elle forme un film protecteur autour des cheveux, les préservant des agressions extérieures.

<u>Utilisation</u> : Pure, en masque capillaire, dans les après-shampoings et les soins sans rinçage.

2. Huile d'argan (Argania spinosa) : l'hydratante fortifiante et protectrice

<u>Description</u> : L'huile d'argan est extraite des amandons de l'arganier, un arbre endémique du Maroc.
 Elle est riche en acides gras essentiels, en vitamine E et en antioxydants.

<u>Bienfaits :</u> Hydrate intensément : elle pénètre la fibre capillaire, apportant une hydratation durable.
Fortifie les cheveux : elle renforce les cheveux, les rendant plus résistants et moins cassants.
Protège les cheveux : elle protège les cheveux des agressions extérieures, notamment des rayons UV.
Apporte de la brillance : elle rend les cheveux plus éclatants et plus sains.

<u>Utilisation</u> : Pure, en masque capillaire, dans les après-shampoings et les soins sans rinçage.

3. Huile de jojoba (Simmondsia chinensis) : la régulatrice de sébum équilibrante et brillante

Description : L'huile de jojoba est extraite des graines de jojoba, un arbuste originaire des régions arides d'Amérique du Nord. Sa composition est très proche du sébum humain.

Bienfaits : Régule la production de sébum : elle convient aux cheveux gras et mixtes, en équilibrant la production de sébum.
Hydrate les cheveux : elle apporte une hydratation légère et équilibrée.
Apporte de la brillance : elle rend les cheveux plus éclatants et plus sains.
Protège les cheveux : elle forme un film protecteur autour des cheveux, les préservant des agressions extérieures.

Utilisation : Pure, en masque capillaire, dans les après-shampoings et les soins sans rinçage.

4. Beurre de karité (Butyrospermum parkii) : le nourrissant réparateur et protecteur

Description : Le beurre de karité est extrait des noix de karité, un arbre originaire d'Afrique. Il est riche en acides gras essentiels, en vitamines et en antioxydants.

Bienfaits : Nourrit intensément : il apporte des nutriments essentiels aux cheveux très secs, abîmés et crépus.
Répare les cheveux : il aide à réparer les pointes fourchues et les cheveux cassants.

Protège les cheveux : il forme un film protecteur autour des cheveux, les préservant des agressions extérieures.
Apaise le cuir chevelu : il calme les irritations et les démangeaisons.

Utilisation : Pur, en masque capillaire, dans les après-shampoings et les soins sans rinçage.

5. Beurre de cacao (Theobroma cacao) : l'adoucissant nourrissant et gourmand

Description : Le beurre de cacao est extrait des fèves de cacao. Il est riche en acides gras essentiels, en vitamines et en antioxydants.

Bienfaits : Adoucit les cheveux : il rend les cheveux plus souples, plus doux et plus agréables au toucher.
Nourrit les cheveux : il apporte des nutriments essentiels aux cheveux secs et abîmés.
Parfume délicatement : il laisse un parfum gourmand et réconfortant sur les cheveux.
Protège les cheveux : il forme un film protecteur autour des cheveux, les préservant des agressions extérieures.

Utilisation : Pur, en masque capillaire, dans les après-shampoings et les soins sans rinçage.

Chapitre 3 : Recettes d'après-shampoings naturels

1. Après-shampoing hydratant à l'aloe vera et à la guimauve

2. Après-shampoing démêlant aux fleurs de sureau et à la rose.

3. Après-shampoing nourrissant à l'huile de coco et au beurre de karité.

4. Après-shampoing pour cheveux bouclés à l'huile de jojoba et à l'hibiscus.

5. Après-shampoing réparateur à l'huile d'argan et au beurre de cacao.

6. Après-shampoing express au yaourt et au miel.

7. Après-shampoing pour cheveux colorés au vinaigre de cidre et à la camomille.

8. Après-shampoing pour cheveux fins à l'infusion de prêle et au jus de citron.

9. Après-shampoing pour cheveux secs au lait de coco et à l'huile d'avocat.

10. Après-shampoing pour cheveux gras à l'argile verte et à l'huile essentielle d'arbre à thé.

11. Après-shampoing à l'infusion de riz et à l'huile de brocoli

12. Après-shampoing à la purée d'avocat et au gel de lin

13. Après-shampoing à la banane et au miel

14. Après-shampoing au vinaigre de cidre et à l'infusion de sauge

15. Après-shampoing au yaourt et à l'huile de ricin

Recettes :

1. Après-shampoing hydratant à l'aloe vera et à la guimauve

Ingrédients : 120 ml de gel d'aloe vera frais
2 cuillères à soupe de racines de guimauve séchées
240 ml d'eau de source
5 gouttes d'huile essentielle de lavande (facultatif)

Préparation : Faites bouillir l'eau et ajoutez les racines de guimauve.
Laissez infuser pendant 20 minutes, puis filtrez.
Mélangez l'infusion refroidie avec le gel d'aloe vera.
Ajoutez l'huile essentielle de lavande (si désiré).
Versez dans un flacon propre.

Utilisation : Appliquez sur cheveux mouillés après le shampoing, laissez poser 5-10 minutes, puis rincez abondamment.

Variantes : Pour plus d'hydratation, ajoutez 1 cuillère à soupe de miel.
Pour un effet démêlant renforcé, ajoutez 1 cuillère à soupe d'huile de coco fondue.

2. Après-shampoing démêlant aux fleurs de sureau et à la rose

Ingrédients : 240 ml d'infusion de fleurs de sureau refroidie
60 ml d'eau de rose
1 cuillère à soupe de vinaigre de cidre (facultatif, pour la brillance)
3 gouttes d'huile essentielle de rose (facultatif)

Préparation : Préparez une infusion de fleurs de sureau en faisant bouillir 240 ml d'eau et en y ajoutant 2 cuillères à soupe de fleurs séchées. Laissez infuser 20 minutes, puis filtrez et laissez refroidir.
Mélangez l'infusion refroidie avec l'eau de rose et le vinaigre de cidre (si désiré).
Ajoutez l'huile essentielle de rose (si désiré).
Versez dans un flacon pulvérisateur.

Utilisation : Vaporisez sur cheveux mouillés après le shampoing, laissez poser quelques minutes, puis rincez légèrement.

Variantes : Pour un effet démêlant renforcé, ajoutez 1 cuillère à soupe de gel d'aloe vera.
Pour un parfum plus intense, utilisez de l'eau florale de rose à la place de l'eau de rose.

3. Après-shampoing nourrissant à l'huile de coco et au beurre de karité

Ingrédients : 2 cuillères à soupe d'huile de coco fondue
1 cuillère à soupe de beurre de karité fondu
1 cuillère à soupe de miel (facultatif, pour l'hydratation)
5 gouttes d'huile essentielle d'ylang-ylang (facultatif)

Préparation : Faites fondre l'huile de coco et le beurre de karité au bain-marie.
Retirez au feu et laissez légèrement refroidir.
Ajoutez le miel (si désiré) et l'huile essentielle d'ylang-ylang (si désiré).
Mélangez bien et laissez solidifier légèrement.

Utilisation : Appliquez sur cheveux mouillés après le shampoing, en insistant sur les pointes. Laissez poser 15-20 minutes, puis rincez abondamment.

Variantes : Remplacez l'huile de coco par de l'huile d'argan ou d'avocat.
Ajoutez 1 cuillère à soupe de gel d'aloe vera pour un effet hydratant renforcé.

Conseils supplémentaires :

Pour une conservation optimale, gardez vos après-shampoings naturels au réfrigérateur et utilisez-les dans les quelques jours.
N'hésitez pas à ajuster les quantités d'ingrédients en fonction de la longueur et de l'épaisseur de vos cheveux.

Pour les personnes ayant des cheveux colorés, il faut faire attention aux plantes et huiles essentielles qui peuvent modifier la couleur.

4. Après-shampoing pour cheveux bouclés à l'huile de jojoba et à l'hibiscus

Ingrédients : 2 cuillères à soupe d'huile de jojoba
240 ml d'infusion d'hibiscus refroidie
1 cuillère à soupe de gel d'aloe vera
5 gouttes d'huile essentielle de géranium (facultatif)

Préparation : Préparez une infusion d'hibiscus en faisant bouillir 240ml d'eau et en y ajoutant 2 cuillères à soupe de fleurs séchées. Laissez infuser 20 minutes, puis filtrez et laissez refroidir.
Mélangez l'infusion refroidie avec l'huile de jojoba et le gel d'aloe vera.
Ajoutez l'huile essentielle de géranium (si désiré).
Versez dans un flacon propre.

Utilisation : Appliquez sur cheveux mouillés après le shampoing, en insistant sur les boucles. Laissez poser 5-10 minutes, puis rincez légèrement.

Bienfaits : Définit les boucles, hydrate, apporte de la brillance.

5. Après-shampoing réparateur à l'huile d'argan et au beurre de cacao

Ingrédients : 2 cuillères à soupe d'huile d'argan
1 cuillère à soupe de beurre de cacao fondu
1 cuillère à soupe de miel
5 gouttes d'huile essentielle de lavande (facultatif)

Préparation : Faites fondre le beurre de cacao au bain-marie.
Retirez du feu et laissez légèrement refroidir.
Mélangez l'huile d'argan, le miel et l'huile essentielle de lavande (si désiré).
Ajoutez le beurre de cacao fondu et mélangez bien.
Laissez solidifier légèrement.

Utilisation : Appliquez sur cheveux mouillés après le shampoing, en insistant sur les pointes. Laissez poser 15-20 minutes, puis rincez abondamment.

Bienfaits : Répare les pointes fourchues, nourrit en profondeur, apporte de la brillance.

6. Après-shampoing express au yaourt et au miel

Ingrédients : 120 ml de yaourt nature
1 cuillère à soupe de miel

Préparation : Mélangez le yaourt et le miel dans un bol.

Utilisation : Appliquez sur cheveux mouillés après le shampoing, laissez poser 5 minutes, puis rincez abondamment.

Bienfaits : Hydrate, adoucit, apporte de la brillance.

7. Après-shampoing pour cheveux colorés au vinaigre de cidre et à la camomille

Ingrédients : 240 ml d'infusion de camomille refroidie
2 cuillères à soupe de vinaigre de cidre

Préparation : Préparez une infusion de camomille en faisant bouillir 240 ml d'eau et en y ajoutant 2 cuillères à soupe de fleurs séchées. Laissez infuser 20 minutes, puis filtrez et laissez refroidir.
Mélangez l'infusion refroidie avec le vinaigre de cidre.

Utilisation : Appliquez sur cheveux mouillés après le shampoing, laissez poser quelques minutes, puis rincez légèrement.

Bienfaits : Préserve la couleur, apporte de la brillance, équilibre le Ph.

8. Après-shampoing pour cheveux fins à l'infusion de prêle et au jus de citron

Ingrédients : 240 ml d'infusion de prêle refroidie
2 cuillères à soupe de jus de citron frais
5 gouttes d'huile essentielle de romarin (facultatif)

Préparation : Préparez une infusion de prêle en faisant bouillir 240 ml d'eau et en y ajoutant 2 cuillères à soupe de prêle séchée. Laissez infuser 20 minutes, puis filtrez et laissez refroidir.
Mélangez l'infusion refroidie avec le jus de citron.
Ajoutez l'huile essentielle de romarin (si désiré).
Versez dans un flacon pulvérisateur.

Utilisation : Vaporisez sur cheveux mouillés après le shampoing, en insistant sur les racines. Laissez poser quelques minutes, puis rincez légèrement.

Bienfaits : Apporte du volume, renforce les cheveux, apporte de la brillance.

9. Après-shampoing pour cheveux secs au lait de coco et à l'huile d'avocat

Ingrédients : 120 ml de lait de coco
2 cuillères à soupe d'huile d'avocat
1 cuillère à soupe de miel (facultatif)
5 gouttes d'huile essentielle d'ylang-ylang (facultatif)

Préparation : Mélangez le lait de coco et l'huile d'avocat dans un bol.
Ajoutez le miel (si désiré) et l'huile essentielle d'ylang-ylang (si désiré).
Mélangez bien.

Utilisation : Appliquez sur cheveux mouillés après le shampoing, en insistant sur les pointes. Laissez poser 15-20 minutes, puis rincez abondamment.

Bienfaits : Nourrit en profondeur, hydrate, apporte de la douceur.

10. Après-shampoing pour cheveux gras à l'argile verte et à l'huile essentielle d'arbre à thé

Ingrédients : 2 cuillères à soupe d'argile verte

120 ml d'eau de source
10 gouttes d'huile essentielle d'arbre à thé

Préparation : Mélangez l'argile verte et l'eau de source dans un bol jusqu'à obtenir une pâte lisse.
Ajoutez l'huile essentielle d'arbre à thé et mélangez bien.

Utilisation : Appliquez sur cheveux mouillés après le shampoing, en insistant sur les racines. Laissez
 poser 5-10 minutes, puis rincez abondamment.

Bienfaits : Absorbe l'excès de sébum, purifie le cuir chevelu, apporte de la fraîcheur.

11. Après-shampoing à l'infusion de riz et à l'huile de brocoli

Ingrédients : 240 ml d'infusion de riz refroidie
2 cuillères à soupe d'huile de brocoli
5 gouttes d'huile essentielle de bois de santal (facultatif)

Préparation : Préparez une infusion de riz en faisant bouillir 240 ml d'eau et 60 ml de riz, laisser cuire une vingtaine de minute, puis filtrez et laissez refroidir.
Mélangez l'infusion de riz refroidie avec l'huile de brocoli.
Ajoutez l'huile essentielle de bois de santal (si désiré).

Versez dans un flacon pulvérisateur.

Utilisation : Vaporisez sur cheveux mouillés après le shampoing, en insistant sur les longueurs. Laissez poser quelques minutes, puis rincez légèrement.

Bienfaits : Apporte de la brillance, facilite le démêlage, renforce les cheveux.

12. Après-shampoing à la purée d'avocat et au gel de lin

Ingrédients : 1/2 avocat mûr
60 ml de gel de lin
1 cuillère à soupe de jus de citron frais

Préparation : Écrasez l'avocat jusqu'à obtenir une purée lisse. Mélangez la purée d'avocat avec le gel de lin et le jus de citron.

Utilisation : Appliquez sur cheveux mouillés après le shampoing, en insistant sur les pointes. Laissez poser 15-20 minutes, puis rincez abondamment.

Bienfaits : Nourrit en profondeur, hydrate, répare les cheveux abîmés.

13. Après-shampoing à la banane et au miel

Ingrédients : 1 banane mûre
2 cuillères à soupe de miel

1 cuillère à soupe d'huile d'olive

Préparation : Écrasez la banane jusqu'à obtenir une purée lisse. Mélangez la purée de banane avec le miel et l'huile d'olive.

Utilisation : Appliquez sur cheveux mouillés après le shampoing, en insistant sur les pointes. Laissez poser 15-20 minutes, puis rincez abondamment.

Bienfaits : Adoucit, hydrate, apporte de la brillance.

14. Après-shampoing au vinaigre de cidre et à l'infusion de sauge

Ingrédients : 240 ml d'infusion de sauge refroidie
2 cuillères à soupe de vinaigre de cidre

Préparation : Préparez une infusion de sauge en faisant bouillir 240 ml d'eau et en y ajoutant 2 cuillères à soupe de sauge séchée. Laissez infuser 20 minutes, puis filtrez et laissez refroidir.
Mélangez l'infusion refroidie avec le vinaigre de cidre.

Utilisation : Appliquez sur cheveux mouillés après le shampoing, laissez poser quelques minutes, puis rincez légèrement.

Bienfaits : Apporte de la brillance, équilibre le pH, renforce les cheveux.

15. Après-shampoing au yaourt et à l'huile de ricin

Ingrédients : 120 ml de yaourt nature

1 cuillère à soupe d'huile de ricin

5 gouttes d'huile essentielle de romarin (facultatif)

Préparation : Mélangez le yaourt et l'huile de ricin dans un bol. Ajoutez l'huile essentielle de romarin (si désiré).

Utilisation : Appliquez sur cheveux mouillés après le shampoing, en insistant sur les racines. Laissez poser 10-15 minutes, puis rincez abondamment.

Bienfaits : Stimule la pousse, renforce les cheveux, apporte de la brillance.

Conseils supplémentaires :

Pour un démêlage plus facile, utilisez un peigne à dents larges.

N'hésitez pas à expérimenter avec différentes huiles essentielles pour personnaliser le parfum de votre après-shampoing.

Chapitre 4 : Conseils et astuces pour une application optimale

L'application correcte d'un après-shampoing naturel est essentielle pour maximiser ses bienfaits et obtenir des résultats optimaux. Ce chapitre vous offre des conseils et des astuces pour une application efficace, adaptée à votre type de cheveux et à vos besoins spécifiques.

1. Adapter les recettes à votre type de cheveux

Cheveux gras :
Privilégiez les après-shampoings légers à base de plantes astringentes comme la prêle ou la sauge.
Évitez les huiles et beurres végétaux trop riches, qui alourdissent les cheveux.
Concentrez l'application sur les longueurs et les pointes, en évitant les racines.

Cheveux secs :
Optez pour des après-shampoings riches en huiles et beurres végétaux nourrissants comme l'huile de coco, d'argan ou le beurre de karité.
N'hésitez pas à laisser poser l'après-shampoing plus longtemps, voire toute la nuit, pour une hydratation intense.
Appliquez l'après-shampoing sur l'ensemble de la chevelure, en insistant sur les pointes.

Cheveux colorés :

Utilisez des après-shampoings qui préservent la couleur, à base de plantes comme la camomille ou l'hibiscus.
Évitez les ingrédients trop acides ou éclaircissants, comme le jus de citron ou le vinaigre de cidre, qui peuvent altérer la couleur.
Rincez à l'eau froide pour refermer les écailles des cheveux et préserver la couleur.

Cheveux fins :

Choisissez des après-shampoings légers qui n'alourdissent pas les cheveux, à base d'infusions de plantes ou de gel d'aloe vera.
Appliquez l'après-shampoing sur les longueurs et les pointes, en évitant les racines.
Rincez abondamment pour éliminer tout résidu.

Cheveux bouclés :

Privilégiez les après-shampoings riches en agents hydratants et démêlants, comme le gel de lin, l'huile de jojoba ou le beurre de karité.
Appliquez l'après-shampoing en sectionnant les cheveux et en insistant sur les boucles.
Utilisez un peigne à dents larges pour démêler en douceur.

2. Les huiles essentielles : des alliées précieuses

Les huiles essentielles peuvent renforcer l'efficacité des après-shampoings naturels et apporter des bienfaits spécifiques :

Lavande : apaisante, régénérante.
Ylang-ylang : fortifiante, apporte de la brillance.

Romarin : stimulante, favorise la pousse.
Arbre à thé : purifiante, antifongique.
Utilisez les huiles essentielles avec précaution, en respectant les dosages recommandés (quelques gouttes suffisent).
Diluez-les toujours dans une huile végétale ou dans l'après-shampoing avant application.

3. Un temps de pose optimal

Le temps de pose varie en fonction du type d'après-shampoing et de l'état de vos cheveux.
Pour un après-shampoing léger, 2 à 3 minutes suffisent.
Pour un après-shampoing nourrissant ou réparateur, laissez poser 10 à 15 minutes.

4. Un démêlage en douceur

Démêlez vos cheveux pendant le temps de pose de l'après-shampoing, lorsqu'ils sont encore imprégnés de produit.
Utilisez un peigne à dents larges ou une brosse démêlante, en commençant par les pointes et en remontant progressivement vers les racines.
Démêlez délicatement, sans tirer sur les cheveux, pour éviter la casse.

5. Un rinçage parfait

Rincez abondamment à l'eau tiède ou froide pour éliminer tout résidu d'après-shampoing.
Un rinçage insuffisant peut alourdir les cheveux et les rendre gras.

Terminez par un jet d'eau froide pour refermer les écailles des cheveux et apporter de la brillance.

Conseils supplémentaires :

Pour une hydratation renforcée, vous pouvez appliquer un soin sans rinçage après l'après-shampoing.
N'hésitez pas à expérimenter avec différentes recettes et techniques d'application pour trouver ce qui convient le mieux à vos cheveux.
Soyez patient et persévérant, les résultats des soins naturels peuvent prendre un peu de temps à apparaître, mais ils sont durables et bénéfiques à long terme.

Vers une chevelure éclatante et une beauté responsable

Récapitulatif des bienfaits des après-shampoings naturels : un choix de cœur

Ce voyage au cœur des trésors botaniques nous a révélé les innombrables bienfaits des après-shampoings naturels. Plus qu'un simple soin capillaire, ils représentent un choix de cœur, un engagement envers notre bien-être et celui de notre planète.

Douceur et respect de la fibre capillaire : libérés des agents chimiques agressifs, nos cheveux retrouvent leur souplesse, leur brillance et leur vitalité naturelles.

<u>Nourriture profonde et ciblée :</u> les plantes, les fleurs, les huiles et les beurres végétaux apportent des nutriments essentiels, adaptés aux besoins spécifiques de chaque type de cheveux.

<u>Expérience sensorielle et bien-être :</u> les parfums délicats des huiles essentielles et des plantes transforment le soin capillaire en un moment de détente et de plaisir.

<u>Contribution à un mode de vie durable :</u> en privilégiant les ingrédients naturels et les emballages réutilisables, nous réduisons notre impact environnemental.

<u>Autonomie et créativité :</u> la préparation d'après-shampoings maison nous permet de personnaliser nos soins et de développer notre créativité.

Un appel à l'action : cultiver la beauté naturelle au quotidien

Ce livre vous a donné les clés pour créer vos propres après-shampoings naturels. Il est temps de passer à l'action et de cultiver la beauté naturelle au quotidien.

<u>Expérimentez avec les ingrédients :</u> n'hésitez pas à combiner différentes plantes, huiles et beurres végétaux pour créer des recettes uniques, adaptées à vos besoins et à vos préférences.

<u>Écoutez votre corps et vos cheveux :</u> observez attentivement les réactions de vos cheveux et de votre cuir chevelu pour ajuster vos soins et trouver ce qui vous convient le mieux.

<u>Partagez vos découvertes :</u> diffusez vos connaissances et vos

expériences auprès de vos proches, afin d'encourager un mode de vie plus naturel et respectueux de l'environnement.

<u>Adoptez une routine capillaire holistique :</u> complétez vos soins naturels par une alimentation équilibrée, une hydratation suffisante et une gestion du stress, pour une beauté globale et durable.

Vers un avenir capillaire radieux et responsable

En choisissant les après-shampoings naturels, nous contribuons à un avenir capillaire radieux et responsable. Nous faisons le choix de la santé, de la beauté et du respect de l'environnement.

<u>Soutien à l'agriculture biologique et locale :</u> privilégier les ingrédients issus de l'agriculture biologique et du commerce équitable favorise une production respectueuse de l'environnement et des travailleurs.

<u>Réduction des déchets plastiques :</u> la préparation d'après-shampoings maison limite l'utilisation d'emballages plastiques, contribuant ainsi à la réduction des déchets.

<u>Préservation de la biodiversité :</u> l'utilisation de plantes et de fleurs locales favorise la préservation de la biodiversité et des écosystèmes.

En conclusion, les après-shampoings naturels sont bien plus qu'un simple produit de beauté. Ils sont le reflet d'un choix de vie, d'un engagement envers soi-même et envers la planète. Cultivons ensemble cette beauté naturelle, pour un avenir capillaire radieux et une planète préservée.

Chapitre C : Les Instruments de Massage Crânien : Bien-être et Stimulation Naturelle du Cuir Chevelu

Chapitre C : Les Instruments de Massage Crânien : Bien-être et Stimulation Naturelle du Cuir Chevelu

Le massage crânien pour la santé des cheveux et le bien-être général est important.
L'utilisation de produits naturels et les bienfaits sont amplifiés par le massage crânien.

Chapitre 1 : Les différents types d'instruments de massage crânien adaptés à vos besoins

Les masseurs crâniens manuels :

Le fameux "araignée" (ou "tête à chatouille") :

Bienfaits spécifiques : Relaxation immédiate, stimulation des terminaisons nerveuses, sensation agréable.

Utilisation : Techniques douces de va-et-vient sur le cuir chevelu.

Les brosses de massage en silicone :

Bienfaits : Exfoliation douce du cuir chevelu, élimination des impuretés et des résidus de produits, stimulation de la circulation sanguine.

Utilisation : Mouvements circulaires sur le cuir chevelu sec ou sous la douche avec le shampoing. Avantages par rapport aux brosses classiques (douceur, hygiène).

Les rouleaux de massage crânien :

Bienfaits : Relaxation musculaire, réduction des tensions, amélioration de la circulation. les croyances associées aux différentes pierres (jade pour la purification, quartz rose pour l'amour et l'apaisement). Bien que non prouvé scientifiquement, cela ajoute une dimension intéressante.

Utilisation : Mouvements de roulement doux sur le cuir chevelu et la nuque. Peut être utilisé à sec ou avec une huile de massage.

Les peignes de massage spécifiques :

Dents larges et arrondies, parfois en bois. L'importance du bois (comme le santal) pour ses propriétés antistatiques et sa douceur.

Bienfaits : Stimulation douce, démêlage en douceur, répartition des huiles.

Utilisation : Mouvements doux lors du coiffage ou de l'application de soins.

Les masseurs crâniens en bois (avec picots ou formes spécifiques) :

Bienfaits : Stimulation de la circulation, effet relaxant, parfois propriétés antistatiques du bois. Les différents types de bois utilisés (bambou, hêtre, etc.) sont réputés pour des propriétés particulières.
Les différentes formes des masseurs en bois (avec des picots pointus, arrondis, des formes incurvées) ciblent des zones spécifiques du crâne. Ils ont un aspect écologique et durable.

Utilisation : Mouvements circulaires ou pressions douces.

Les masseurs crâniens électriques :

Vibrants, avec différentes têtes, parfois chauffants, pulsations, massage par pétrissage pour cibler des zones spécifiques. Soulignez l'importance de pouvoir régler l'intensité et adapter cela à sa sensibilité.
 Les critères à considérer lors de l'achat d'un masseur électrique (puissance, autonomie, ergonomie, prix).

Bienfaits : Massage plus profond, relaxation intense, stimulation accrue de la circulation.

<u>Utilisation :</u> Suivre les instructions du fabricant, adapter l'intensité.

Choisir l'instrument de massage crânien adapté à vos besoins :

Considérations importantes : type de cuir chevelu (sensible, sec, gras), les objectifs recherchés (relaxation, stimulation de la croissance, exfoliation), votre budget, et les préférences personnelles (matériau, sensation).

Tenir compte des sensations tactiles : il est importance de choisir un instrument dont la texture est agréable au toucher.

Mise en garde contre les produits de mauvaise qualité : les instruments bon marché qui pourraient être fabriqués avec des matériaux de mauvaise qualité ou être agressifs pour le cuir chevelu sont à proscrire.

Chapitre 2 : Les bienfaits du massage crânien pour la santé des cheveux et le bien-être

Les bienfaits du massage crânien :

Stimulation de la circulation sanguine :

Le Rôle des Vaisseaux Sanguins : le massage dilate les vaisseaux sanguins du cuir chevelu, facilitant l'apport de nutriments essentiels aux follicules pileux.

Impact sur la Croissance des Cheveux : une meilleure circulation peut favoriser une croissance plus rapide et des cheveux plus forts et plus épais.

Réduction de la Chute de Cheveux : un cuir chevelu sain et bien irrigué peut aider à prévenir la chute des cheveux liée à une mauvaise circulation.

Réduction du stress et des tensions :

Le lien entre stress et cheveux : le stress chronique peut affecter la santé des cheveux (chute, cheveux ternes, pellicules).
Le massage et le système nerveux : le massage crânien stimule la libération d'endorphines et réduit les hormones de stress.

Soulagement des maux de tête et des migraines :

Les différents types de maux de tête : distinguez les maux de tête de tension des migraines. Le massage peut aider dans les deux cas.

Cibler les zones de tension : détaillez les zones spécifiques du cuir chevelu et de la nuque à masser pour soulager les maux de tête.

L'Auto massage comme solution naturelle : l'auto massage est accessible pour soulager les maux de tête sans recourir aux médicaments.

Exfoliation douce du cuir chevelu :

L'accumulation de cellules mortes et de produits : cette accumulation peut obstruer les follicules pileux et entraîner des problèmes de cuir chevelu. Certains instruments facilitent cette exfoliation sans agresser.

Amélioration de l'absorption des produits capillaires : le massage prépare le cuir chevelu à mieux recevoir les bienfaits des shampoings, après-shampoings et soins naturels.

Prévention des pellicules et des démangeaisons : une exfoliation régulière peut aider à prévenir ces problèmes.

Amélioration de l'absorption des produits capillaires :

Préparer le cuir chevelu : le massage crânien rend le cuir chevelu plus réceptif aux ingrédients actifs des produits naturels.

Optimiser l'efficacité des soins : l'application d'huiles végétales ou de masques pour maximiser leurs bienfaits.

Favorisation de la détente et du sommeil :

Le massage comme rituel du soir : encouragez l'intégration du massage crânien dans une routine relaxante avant de dormir.

L'impact sur la qualité du sommeil : la relaxation induite par le massage peut améliorer la qualité du sommeil. L'effet apaisant du massage crânien est sur l'ensemble du corps.

Chapitre 3 : Comment utiliser efficacement les instruments de massage crânien

Les quatre techniques de base pour chaque type d'instrument : les mouvements circulaires, les pressions douces, le va-et-vient et les tapotements légers.

Conseils pour un massage réussi :

- Créez une ambiance relaxante : avec l'utilisation des huiles essentielles, de la musique douce et tamiser la lumière.
- Respirer profondément pour amplifier la relaxation.
- Adaptez la pression à sa sensibilité.
- Adapter les techniques en fonction de la longueur et de l'épaisseur des cheveux.
- L'importance d'un rythme lent et d'une pression adaptée à ses sensations.
- Se concentrer sur les zones de tension (tempes, nuque, sommet du crâne).
- Soyez attentif aux sensations de votre corps pendant le massage.

Par exemple : un massage de 5 minutes avec une huile avant le shampoing.

Intégrer le massage crânien dans sa routine capillaire :

Pendant le shampoing : après l'application de l'après-shampoing ou d'un masque. Sur cheveux secs pour un moment de détente. Avec des huiles végétales pour un soin plus profond.

Précautions et contre-indications:

Sur le cuir chevelu irrité ou sensible et les problèmes de peau spécifiques (eczéma, psoriasis).
En cas de doute, consulter un professionnel de santé.

Nettoyage et entretien des instruments:

Il est important de respecter une hygiène stricte pour éviter les irritations.

En Conclusion, on peut souligner qu'il est primordiale d'intégrer le massage crânien dans sa routine de soins capillaires naturels pour le bien-être du cuir chevelu et la beauté des cheveux.

Chapitre 4 : Guide d'auto-évaluation pour choisir votre massage crânien et instrument idéal

Répondez aux questions suivantes pour vous aider à déterminer vos besoins et préférences en matière de massage crânien :

1. Quels sont vos principaux objectifs en matière de massage crânien ? (cochez une ou plusieurs options)

- [ ] Relaxation et détente générale
- [ ] Soulagement du stress et des tensions
- [ ] Soulagement des maux de tête ou des migraines
- [ ] Stimulation de la croissance des cheveux
- [ ] Amélioration de la circulation sanguine du cuir chevelu
- [ ] Exfoliation du cuir chevelu
- [ ] Amélioration de l'absorption des produits capillaires
- [ ] Autre (précisez) : _____

2. Comment décririez-vous la sensibilité de votre cuir chevelu ?

- [ ] Très sensible, réagit facilement aux stimulations
- [ ] Sensible par moments
- [ ] Normale, peu de sensibilité
- [ ] Peu sensible, tolère bien les stimulations

3. Préférez-vous une sensation de massage…

- [ ] Douce et légère
- [ ] Moyenne et relaxante
- [ ] Plus profonde et stimulante
- [ ] Variable, selon mon humeur

4. Quel est votre budget pour un instrument de massage crânien ?

- [ ] Moins de 15€
- [ ] Entre 15€ et 30€
- [ ] Entre 30€ et 50€
- [ ] Plus de 50€ (prêt à investir pour la qualité ou des fonctionnalités spécifiques)

5. Quel instrument de massage préférez-vous ?

- [ ] Manuel, simple à utiliser et à emporter
- [ ] Électrique, pour un massage plus profond et constant (si vous êtes prêt à investir un peu plus)
- [ ] Peu importe, l'efficacité est ma priorité

6. Quel type de matériaux préférez-vous ou aimeriez éviter pour un instrument de massage ?

- [ ] Silicone (facile à nettoyer, doux)
- [ ] Métal (sensation parfois plus intense)
- [ ] Bois (aspect naturel, parfois antistatique)
- [ ] Pierres naturelles (jade, quartz rose - pour leurs propriétés supposées et la sensation)
- [ ] Plastique (abordable)
- [ ] Je n'ai pas de préférence particulière

7. Avez-vous des problèmes de cuir chevelu spécifiques ?

- [ ] Cuir chevelu sec et irrité
- [ ] Cuir chevelu gras
- [ ] Pellicules
- [ ] Démangeaisons
- [ ] Chute de cheveux
- [ ] Eczéma ou psoriasis (si oui, consultez un professionnel de santé avant d'utiliser un instrument)
- [ ] Aucun problème particulier

Interprétation des réponses :

Objectifs : les réponses à la question 1 vous aideront à cibler le type d'instrument et les techniques de massage les plus appropriées. Par exemple, pour la relaxation, un "araignée" ou un rouleau en pierre douce peuvent être idéaux. Pour la stimulation de la croissance, une brosse en silicone ou un masseur électrique pourraient être plus efficaces.

Sensibilité du cuir chevelu : si le cuir chevelu est très sensible, privilégiez les instruments doux comme l'"araignée" ou les brosses en silicone avec des picots souples. Évitez les massages trop vigoureux et les instruments avec des picots durs ou pointus.

Préférence de sensation : cela vous guidera vers le type d'instrument (manuel ou électrique) et le matériau.

Budget : cela éliminera certaines options d'instruments.

Type d'instrument : pensez aux avantages et inconvénients des instruments manuels et électriques.

Matériaux : tenez compte de vos préférences personnelles et des propriétés potentielles des matériaux (par exemple, le bois pour les cuirs chevelus sensibles).

Problèmes de cuir chevelu :

Sec et irrité : privilégiez les massages doux avec des huiles et des instruments non irritants comme le bois ou la silicone souple. Évitez l'exfoliation trop fréquente.

Gras : les brosses en silicone peuvent aider à exfolier et à mieux répartir le shampoing.

Pellicules : l'exfoliation douce avec une brosse en silicone peut être bénéfique, mais évitez d'irriter davantage le cuir chevelu.

Chute de cheveux : les massages doux pour stimuler la circulation sont recommandés. Évitez les massages trop vigoureux qui pourraient fragiliser les cheveux.

Eczéma/psoriasis : la prudence est de mise. Consultez un professionnel de santé et, si le massage est autorisé, optez pour des instruments très doux et des techniques légères.

Conseils Supplémentaires :

Essayer si possible : si possible, essayez différents types d'instruments en magasin (si des testeurs sont disponibles) pour voir ce qui vous procure la meilleure sensation.

Commencer en douceur : quelle que soit l'instrument choisi, commencez toujours par des massages doux et augmentez progressivement la pression si nécessaire.

Écouter son corps : si un massage est douloureux ou inconfortable, arrêtez immédiatement.

La combinaison est clé : N'oubliez pas que l'instrument n'est qu'un outil. Les techniques de massage et l'utilisation de produits naturels adaptés sont tout aussi importantes.

Chapitre 5 : Le luxe d'un massage personnalisé, choisissez une variété de massages crâniens à travers le monde :

Il existe une variété de massages crâniens à travers le monde, chacun avec ses propres techniques et bienfaits. Voici quelques-uns des plus connus :

Massage crânien indien (Champi) :

Originaire d'Inde, ce massage se concentre sur la tête, le cou et les épaules.

Il utilise des techniques de pressions, de frictions et de pétrissages pour soulager les tensions et favoriser la relaxation. Il est souvent pratiqué avec des huiles chaudes pour nourrir le cuir chevelu et les cheveux.

Massage crânien japonais (Tsubo) :

Basé sur les principes de l'acupression, ce massage stimule des points spécifiques (tsubo) sur la tête pour rétablir l'équilibre énergétique du corps. Il peut aider à soulager les maux de tête, la fatigue oculaire et le stress.

Massage crânien coréen :

Similaire au massage japonais, il intègre des techniques d'acupression et de réflexologie pour stimuler la circulation sanguine et lymphatique.

Il peut également inclure des mouvements doux pour détendre les muscles du visage et du cou.

Massage crânien thaïlandais :

Ce massage combine des techniques de massage traditionnelles thaïlandaises avec des pressions sur les points d'énergie. Il peut aider à soulager les tensions musculaires, les maux de tête et le stress.

Massage crânien occidental :

Il existe de nombreuses variations de massages crâniens occidentaux, qui mettent l'accent sur la relaxation musculaire et la détente. Ils peuvent inclure des mouvements doux et circulaires, des pressions légères et des étirements doux.

Massage crânien Vietnamien :

Les massages crâniens vietnamiens peuvent inclure des techniques de massage doux et relaxants, ainsi que des méthodes plus spécifiques visant à stimuler le système immunitaire.

Massage crânien Africain :

Dans de nombreuses cultures africaines, les massages crâniens sont traditionnellement utilisés pour soulager les maux de tête, les tensions et le stress.
Les techniques varient considérablement d'une région à l'autre, mais impliquent souvent des pressions, des frictions et des mouvements circulaires.

Massage crânien du Moyen-Orient :

Les massages crâniens font partie des traditions de bien-être dans de nombreux pays du Moyen-Orient.

Ils peuvent inclure l'utilisation d'huiles essentielles et de techniques de massage spécifiques pour favoriser la relaxation et le bien-être.

Il est important de souligner que les traditions de massage crânien sont profondément enracinées dans les cultures locales et peuvent varier considérablement.

Massage crânien Chinois :

Le massage Tui Na, un élément clé de la médecine traditionnelle chinoise, inclut souvent des techniques de massage crânien. Il se concentre sur les points d'acupuncture pour équilibrer le flux d'énergie (Qi) dans le corps.

Massage crânien Marocain :

Les massages crâniens marocains sont souvent associés aux rituels de hammam. Ils peuvent inclure l'utilisation d'huiles essentielles, comme l'huile d'argan, pour nourrir le cuir chevelu et les cheveux.

Massage crânien d'Amérique du Nord :

Les massages crâniens sont de plus en plus populaires dans les spas et les centres de bien-être en Amérique du Nord. Ils peuvent intégrer des techniques de massage suédois, de massage des tissus profonds ou de réflexologie.

Massage crânien Australien :

L'utilisation d'huiles essentielles des plantes locales est parfois utilisée pour les massages crâniens.

Il est important de noter que les techniques de massage crânien peuvent varier considérablement en fonction de la culture, des traditions et des pratiques locales.

Chapitre 6 : le luxe d'un Head Spa personnalisé, choisissez une variété à travers le monde

Il existe 5 principaux types de Head Spa à travers le monde avec des objectifs et des résultats différents. Les deux plus connus sont :

Head Spa Japonais :

Objectif principal : Relaxation profonde du cuir chevelu et du corps, amélioration de la circulation sanguine au niveau de la tête, soulagement des tensions et du stress. Il vise également à améliorer la santé du cuir chevelu et la croissance des cheveux, mais l'accent est souvent mis sur la détente.

Techniques : Utilise des massages doux et précis du cuir chevelu, du cou et des épaules, souvent inspirés du shiatsu. Peut inclure des pressions, des pétrissages, des effleurages et des techniques de réflexologie.

Produits : Utilise souvent des huiles essentielles, des lotions ou des sérums doux pour faciliter le massage et nourrir le cuir chevelu. Les produits sont généralement naturels et axés sur la relaxation.

Appareils : Peut utiliser des appareils simples comme des brosses de massage ou des peignes spéciaux. L'utilisation de la vapeur est moins fréquente que dans le Head Spa coréen.

Expérience : L'ambiance est souvent zen et apaisante. L'expérience est conçue pour être très relaxante et méditative. Le bac de lavage est souvent horizontal pour plus de confort.

Résultats attendus : Sensation de légèreté, réduction du stress, amélioration du sommeil, cuir chevelu détendu, potentiellement une meilleure circulation et une légère amélioration de l'état des cheveux.

Head Spa Coréen :

Objectif principal : Traitement en profondeur du cuir chevelu pour améliorer sa santé, stimuler la croissance des cheveux, prévenir la chute des cheveux et traiter les problèmes de cuir chevelu (pellicules, excès de sébum). La relaxation est aussi présente, mais l'aspect thérapeutique est plus marqué.

Techniques : Utilise des massages plus vigoureux et ciblés du cuir chevelu pour stimuler la circulation et déloger les impuretés. Peut inclure des techniques de nettoyage en profondeur, des gommages du cuir chevelu et l'utilisation d'appareils.

Produits : Fait une utilisation importante de produits spécifiques pour le cuir chevelu, souvent à base d'ingrédients naturels et technologiquement avancés. On peut trouver des shampoings exfoliants, des masques capillaires, des sérums concentrés et des toniques pour le cuir chevelu.

Appareils : Utilise fréquemment des appareils tels que des steamers pour ouvrir les pores, des jets d'eau à pression variable pour nettoyer en profondeur, des lumières LED pour stimuler le cuir chevelu et parfois des microscopes pour analyser l'état du cuir chevelu. Le bac de lavage est souvent équipé d'une cascade.

Expérience : L'expérience est plus axée sur le traitement et l'efficacité, bien que la relaxation soit également importante. L'approche est souvent personnalisée en fonction des besoins spécifiques du cuir chevelu.

Résultats attendus : cuir chevelu purifié, réduction des pellicules et de l'excès de sébum, stimulation de la croissance des cheveux, cheveux plus forts et plus sains.

En résumé, bien que les deux types de Head Spa visent à améliorer la santé du cuir chevelu et à offrir une relaxation, le Head Spa japonais met davantage l'accent sur la détente profonde et le bien-être général, tandis que le Head Spa coréen est plus axé sur le traitement ciblé des problèmes du cuir chevelu et la stimulation de la croissance des cheveux en utilisant des techniques et des produits plus avancés.

Il existe d'autres types de Head Spa :

Head Spa Ayurvédique (Inde) :

Ce type de Head Spa est basé sur les principes de l'Ayurveda, un système de médecine traditionnel indien. Il utilise des huiles et des herbes spécifiques pour nourrir le cuir chevelu et les cheveux, favoriser la relaxation et équilibrer les doshas (énergies corporelles).

Head Spa Balinais (Indonésie) :

Le Head Spa balinais est un soin luxueux qui combine des massages du cuir chevelu, des bains de vapeur et des applications de produits naturels tels que des fleurs, des épices et des huiles essentielles. Il vise à détendre, hydrater et revitaliser les cheveux et le cuir chevelu.

Head Spa Thaïlandais :

Le Head Spa thaïlandais intègre davantage l'aspect thérapeutique du massage traditionnel thaïlandais et l'utilisation de produits naturels et herbes. Il repose sur le concept des lignes d'énergie « Sen » dans le corps.

Head Spa Occidental :

Bien que moins traditionnel, le concept de Head Spa se développe également en Occident, avec des adaptations qui intègrent des techniques de massage, des soins capillaires spécifiques et des technologies modernes pour améliorer la santé du cuir chevelu et la beauté des cheveux.

Il est important de noter que les techniques et les produits utilisés dans chaque type de Head Spa peuvent varier considérablement. Il est donc conseillé de se renseigner sur les spécificités de chaque approche avant de choisir celle qui vous convient le mieux.

J'ai voulu moi aussi contribuer à l'élaboration d'un Head Spa :

Le Head Spa Provençal est une réflexion sur ce que j'ai appris et la collaboration avec le ressenti de mes clients. En Provence, nous avons également nos herbes, nos huiles bienfaitrices pour le cuir chevelu.

Massage au pilon en bois d'olivier et j'ai puisé le meilleur des sensations de mes clients pour le massage crânien.

Pour un avant-goût du Head Spa Provençal : mélanger une poignée de lavande et une poignée de romarin avec de l'eau chaude. Laisser infuser 30 minutes. Verser sur vos cheveux, odeur divine à ne pas rincer.

A tester, le premier Head Spa Provencal à Uzès Gard, en France.

Conclusion

Au terme de ce voyage au cœur des soins capillaires naturels, il apparaît clairement que la beauté et la santé de nos cheveux sont intimement liées à la bienveillance que nous leur accordons.

Choisir des shampoings et après-shampoings gorgés de bienfaits naturels, c'est offrir à notre chevelure une source de vitalité pure et respectueuse.

Ce livre vous a invité à devenir acteur de votre propre beauté. N'hésitez plus à expérimenter, à adapter les recettes et les techniques à vos besoins spécifiques.

Mais cette approche holistique ne s'arrête pas là. Comme nous l'avons exploré, l'art du massage crânien, sublimé par l'utilisation d'instruments adaptés, vient parfaire ce rituel de soin. En stimulant la circulation, en apaisant les tensions et en favorisant l'absorption des précieux actifs naturels, ces outils deviennent de véritables alliés pour un cuir chevelu sain et des cheveux resplendissants.

Les différents massages crâniens et Head Spa vous ouvrent les portes aux « câlins capillaires » , tous uniques et personnalisés.

Vos cheveux sont le reflet de votre bien-être intérieur.

Alors, laissez-vous guider par la nature, écoutez les besoins de votre corps et transformez votre routine capillaire en un véritable moment de bien-être, pour des cheveux naturellement beaux et une sérénité retrouvée.

Ce livre n'est qu'un point de départ. Continuez à explorer, à vous informer et à faire des choix éclairés pour vos cheveux. En embrassant la puissance de la nature et en adoptant des rituels bienfaisants, vous investissez dans la santé et la beauté de vos cheveux pour les années à venir.

Plus qu'une simple routine, prendre soin de ses cheveux avec des produits naturels et s'offrir les bienfaits d'un massage crânien, d'un Head spa est un acte d'amour envers soi-même. C'est choisir la douceur, la santé et le respect.

J'aimerais que ce livre vous ait inspiré à transformer votre approche, à découvrir les trésors que la nature a à offrir et à intégrer ces gestes simples mais puissants dans votre quotidien.

Nourrissez-vos cheveux avec le meilleur, et laissez leur beauté naturelle rayonner.

Mon site Facebook :
https://facebook.com/relaxconceptdusoleillevant

Mon lien de réservation :
https://www.planity.com/relax-concept-du-soleil-levant-head-spa-japonais-30700-uzes

Ma biographie :

Je m'appelle Alexia Di Lorenzo, et j'ai longtemps cherché les produits miracles pour mes cheveux, souvent déçue par les promesses non tenues. C'est en me tournant vers la nature que j'ai découvert un monde incroyable de possibilités.

L'aventure a commencé avec la création de mes propres shampoings et après-shampoings, et s'est enrichie avec la découverte des bienfaits incroyables des massages crâniens.

À travers ce livre, j'ai voulu partager avec vous mes astuces, mes recettes et mon enthousiasme pour une approche plus douce et authentique du soin des cheveux. J'espère que ces pages vous inspireront à prendre soin de vous et de vos cheveux avec amour et naturalité !

L'univers du bien-être et plus particulièrement l'art du massage crânien occupent une place spéciale dans mon cœur. Je massais régulièrement mes enfants et ma famille.

L'aventure a commencé avec la création de mes propres shampoings et après-shampoings, et s'est enrichie avec la découverte des bienfaits incroyables des massages crâniens. J'ai créé Le Head Spa Provençal.

Ce livre est le fruit de cette exploration, un partage de connaissances et de techniques pour aider chacun à découvrir les joies d'une routine capillaire naturelle, d'un massage crânien et d'un Head spa revitalisant.

Mon vœu le plus cher est que ce livre vous inspire à transformer votre relation avec vos cheveux et à révéler leur beauté naturelle, tout en prenant soin de vous.

Alexia Di Lorenzo

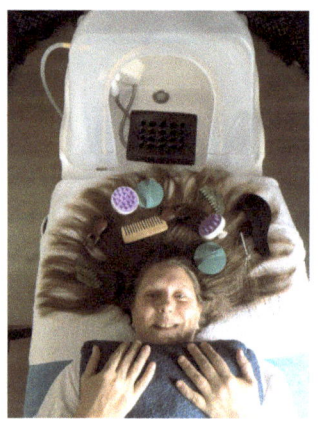

A mes 2 Zamours :

Léo et Enzo.

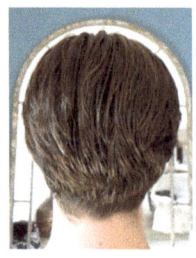
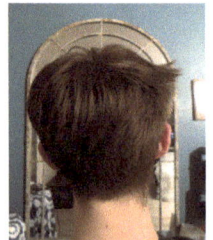

Secrets et douceur botanique pour les cheveux

Tout ce qu'il faut savoir pour avoir
une chevelure de rêve !

**The « best » livre à avoir impérativement chez vous et à
consulter régulièrement !**